廣東地名拆字詩

说县镇村，解百千万

杨钦 著

南方日报出版社
NANFANG DAILY PRESS
中国 · 广州

图书在版编目（CIP）数据

广东地名拆字诗 ：说县镇村，解百千万 / 杨钦著. -- 广州 ：南方日报出版社，2025. 9. -- ISBN 978-7-5491-3078-8

Ⅰ. K926. 5-49

中国国家版本馆 CIP 数据核字第 2025CP6500 号

GUANGDONG DIMING CHAIZI SHI

广东地名拆字诗

著　　者：杨　钦
出 版 人：周山丹
责任编辑：蔡　芹
装帧设计：邓晓童
责任校对：熊丽思
责任技编：王　兰
出版发行：南方日报出版社
地　　址：广州市广州大道中289号
经　　销：全国新华书店
印　　刷：广州市新怡印务股份有限公司
成品尺寸：170mm × 250mm
印　　张：28. 5
字　　数：430千字
版　　次：2025年9月第1版
印　　次：2025年9月第1次印刷
定　　价：88. 00元

投稿热线：（020）87360640　读者热线：（020）87363865
发现印装质量问题，影响阅读，请与承印厂联系调换。

序一

字里行间见河山——文化统战视角下的乡土密码

王小鸿

2021年2月，第十期民建中央企业家培训班在中央社会主义学院举办，这是疫情发生后中央社会主义学院首次线下办班，我担任了培训班的其中一门课程的讲授。

结业典礼上，杨钦作为组长发言，以萃园小池的石刻“涓流引春”四字临场发挥，并仿刘禹锡《陋室铭》作《教室铭》，足以见其文字的功底。当时我便注意到这位企业家学员的文化敏锐性。

当杨钦将这部《广东地名拆字诗》书稿示我时，那些被拆解的偏旁部首，恰似散落在南粤大地上的文化基因碎片。从“海”字中剥离的“水”与“每”，在“珠”里重组的“王”“牛”“人”，不仅暗合了历史人类学“解构—重构”的研究范式，更在平仄格律间唤醒了土地深层的记忆。这部创新之作，实为新时代统战工作“润物细无声”的生动注脚。

岭南地名的形成，本就是一部流动的文明史。百越先民的图腾符号、中原移民的郡望情结、海上丝路的异质文化，都沉淀在每一个地名构型中。本书“拆字作诗”的创造性转化，恰如我们行走田野时用脚丈量村寨的肌理——在梅州“蕉岭”拆出“岭藏长寿乡”的生态智慧，从湛江“遂溪”解构“溪流珍珠城”的产业寓言，正是将文字考古化作现实镜鉴的生动实践。

广东省“百千万工程”所强调的县域振兴，本质上是对地方性文化的系统性激活。笔者在某地考察时，曾目睹族谱中一个“林”字如何勾连起侨批网络与宗族治理。而今观此书对佛山“紫南村”的拆解：“丝竹此刻留，紫藤蔓村头。仁善非钱大，南风满船游”，以五言绝句重构“产村融合”

的当代叙事，实与费孝通先生“乡土重建”的学术脉络遥相呼应。

杨钦兼具参政视野与田野经验，其将在人大、政协履职中积累的基层治理洞见，转化为对地名符号的“庖丁解牛”，这种跨界创新尤具启示。书中对潮州市下辖区的“湘桥”二字的拆解尤见功力：“韩水相磷溪，湘子金山依”隐喻县域经济的竞合之势，“祠前橡乔木，桥浮广济堤”暗合文化赋能的振兴路径，可谓“致广大而尽精微”。同时，作者以民建会员视角，将在参政议政中积累的协商民主经验，转化为对地名符号的统战解码。

值此乡村振兴战略深化之际，本书既是以诗为媒的“地方志新编”，更是以字为钥的治理学读本、文化统战新路径的“探照灯”。期待读者不仅能从“拆字”中品读汉字美学，更能从“解名”中领悟——当我们把“百千万工程”的每个字根重新植入文化土壤时，那些横竖撇捺间，自会生长出穿越古今的生机。当我们从地名的一笔一划中读懂“包容性发展”，在诗行的一平一仄里听见“共同体脉搏”，便是对“铸牢中华民族共同体意识”最富诗意的践行。

（作者系教授、博士生导师，中宣部“核心价值观百场论坛”宣讲专家，统一战线学学科团队带头人，享受国务院政府特殊津贴专家）

序二

张　况

杨钦是我相交多年的文友。他为人善良厚道，头脑好使，说话幽默风趣，常以“七级总理”自喻。古时皇上发布诏书“钦此”，他拆字解字则“钦彼”，既好玩，也搞笑。

杨钦属于会“来事”、能“搞事”、善“成事”的儒商，兼业余“打油”诗人。我曾戏称他为“广东拆字大王”“佛山高知破坏分子”“禅城文化坏土豆”。他闻言每以坏笑对我，坦然受之，末了还会颔首感慨：“况爷错爱，感恩‘册封’，钦敬钦敬……”

近日，杨钦示我以《广东地名拆字诗》书稿嘱我作序时，正值南国木棉花谢时节，英雄花如同时间无法挽留的偏旁部首翩然飘落，一朵朵行将消逝的殷红掷地有声，让人好生怜悯，它们的疼让我感同身受。这些恰似从杨钦零散诗行间飘落的精魂，让我感慨于它们的毅然决然，这不也是杨钦的执着与坚持吗？

记得十多年前在佛山亚艺湖畔，我曾对杨钦有过命题作文式的几分期许，说字里有乾坤，希望他的拆字诗能一直坚持写下去，将来能结集出版《诗草 999 首》。

十年生死两茫茫，十年人事几番新。原以为他早已忘了当年的深情“一诺”，今日见着他即将付梓的《广东地名拆字诗》，方知一语成验，原来“此子可教”，他早已将一颗倔强诗心炼作解字锋刃，用浓烈诗意在青砖黛瓦间镌刻出了一部会呼吸的“岭南方志”。殊为难得，诚堪赞誉。

下面选其中数首，略作解读。

如《越秀》：“斧戉随身走，越王井长秋。羊衔乃禾穗，秀润镇海楼。”这首诗以五言绝句形制，将两千年羊城精魄凝练于斧钺井楼之间，堪谓岭南文脉的微型青铜鼎。首句“斧戉随身走”以兵戈意象破题，暗合“越”字古意，令人想见南越王赵佗当年披甲拓疆的凛凛雄风。“戉”乃“钺”之古体，杨钦巧用于诗中，既暗嵌“越秀”之名，又以青铜冷光勾连南越王墓出土文物的历史质感，可谓精巧。次句“越王井长秋”则化静为动，使历史烟雨在井栏苔痕间汩汩流淌。尝记《水经注》中就有佐证“古井”作为城市记忆容器的记录，其象征意义可谓恰到好处。再看转笔处“羊衔乃禾穗”句，诗人将五仙观的传说与“穗城”别称熔铸为稻穗的金色意象，可谓得岭南神话精髓，有屈大均《广东新语》所述的盎然气象在焉。结句“秀润镇海楼”自如收势，既应和“秀”字诗眼，又以明代雄楼镇守全诗气韵，此句与清初顺德诗人陈恭尹《镇海楼赋》“秀而不弱，雄而能润”相印证，也妙。

通观全诗，历史纵深感与空间穿透力相互交叠，从先秦百越到现代都会，自地下井泉至云间楼阁，杨钦以二十字完成了他的时空折叠术。“随身走”“秀润”等字眼的动词化处理，使静物获得了历史的动感，这是“以诗证史”的一个微实践。诗虽短，却能见到史诗的吉光片羽。

又如《禅城》：“单冠示天下，禅乡名季华。土桥成通济，城船泊晚沙。”这首诗以铿锵的平仄韵律，叩响佛山禅城的千年文脉。首句“单冠示天下”以春秋笔法暗喻禅城作为“岭南文化发祥地之一”的王者气象。冠冕之喻，既指祖庙灵应祠北帝金冠的威仪，更暗合禅城陶瓷、武术、粤剧三大文化桂冠的当世荣光。次句“禅乡名季华”诗味稍欠，但也巧妙勾连了“季华乡”这一古称，将禅城自唐宋“季华乡”到明清“佛山镇”的文明嬗变表达得很到位。“土桥成通济”以通济桥这一具体意象，点出了佛山商贸文明的集体记忆，通济桥宛如岭南水乡通向海上丝路文明脐带的形象呼之欲出。末句“城船泊晚沙”则暗含佛山禅城水网密布的“城船”文化密码，让人缅想起古时佛山涌畔的舟楫与现今东平河上往来的货船相映成趣的样子，较好地将工商重镇禅城的繁华景象与岭南水乡的静谧安详熔铸于暮色苍茫的意境之中。

全诗如同构建起立体的文化坐标系：纵向贯通唐宋遗韵与当代气象，

横向勾连禅城的武馆、陶窑与通衢阡陌。我激赏诗中“以物载道”的修辞策略——冠冕、古桥、陶船等器物经杨钦一拆一建的点化，俱成镌刻城市记忆的文化符码。这种将地方志的严谨考据与抒情诗的意象经营相融合的创作手法，是杨钦这部诗集中常见的拿手好戏。

在我看来，杨钦是岭南文化的热爱者、有心人。他善于“拆字”，长于“解意”，一如一名“有料”的算命先生，凡“字”经由他的“滑舌”“油嘴”都能说个子丑寅卯出来，细细体味，好像还真有那么回事，这就是杨钦的“拆字”功夫。好在他从不“乱拆乱建”。杨钦以字为舟，在横竖撇捺间摆渡岭南精魂。我曾对他说，拆字能玩出如此花样，也算是佛山诗坛“一绝”了，没后悔当年签名特批他加入“做鞋”。

杨钦长期对城市发展、乡村振兴、城市更新、区域帮扶协作实施等进行研究，多次主持或参与全省全市的相关课题调研。在诸如“全国人大第一次立法听证会代表”“民建广东省委人资环委副主任”“广东省乡村振兴产业联合会专家委员会专家”“佛山市古镇古村活化促进会创会副会长”等头衔的加持下，他能为“百千万工程”做点力所能及的事，这是非常难得的。为此，我乐意为杨钦吆喝两声。

这部拆字诗集，该是杨钦献给新时代广东乡村振兴的一份特制“伴手礼”了。希望读者们能从中读懂杨钦的质朴心意，并对庋藏于广东历史深处的文化内蕴有所认识，有所获益。

2025 年 4 月 4 日

于佛山石硝村南华草堂

（作者系著名作家、诗人、辞赋家，中国作家协会会员，广东省作家协会副主席，佛山市作家协会主席，中国诗歌学会常务理事，中国自然资源作家协会诗歌委员会副主任）

序三

王富海

在这个瞬息万变的时代，文化的传承与创新犹如定海神针。地名，承载着丰富的文化内涵与地域特色，往往是地方文化的钥匙，开启这个地方自古至今人们生存、繁衍和教化的历史与精粹。

我的同事杨钦，集文化与规划双重能力，选择广东地名进行研究，拆字赋诗，正是发掘地方文化的有效探索。书中对广东各地地名作了细腻研究，通过拆解与重组，展现了汉字的美丽与灵动，也让我们重新审视了这些熟悉而又陌生的地方。在创作过程中，杨钦将对汉字的敏锐洞察力与创新思维融入每一首诗中，以极简的字句表达深邃的意境，展现了广东各地的魅力与风采。这种独特的艺术形式，不仅让我们感受到汉字的韵律之美，更激发了我们对地方文化的认同与自豪。

同时，这本书也是对“百千万工程”文化赋能的积极响应。“百千万工程”作为广东城乡高质量发展的重要行动，如何在传承中创新、在创新中提升，正是我们需要思考和努力的方向。作为在广东从事城市规划工作近40年的老规划师，我深知在城乡发展的大潮中，文化的力量与作用越来越大、越来越深远。蕾奥规划正在倡导“城市运营”理论与实践，我们始终强调文化与发展的融合。城市不仅是经济活动的载体，更是文化和社会生活的舞台。为此，蕾奥规划发布“乐城计划”，强力推动城市精神消费，塑造城市文化特色，提升人民的归属感与幸福感。目前，城市基础性消费已经基本满足，精神性和体验性消费会是城市消费的重点，这也正是城市文化繁荣的新契机。

杨钦通过这本书，呼吁大家关注和珍视我们的地方文化，激发出更强的文化自信与归属感，这正是他参与“乐城计划”的具体实践。我期待着这本书能够成为大家了解广东文化的钥匙，也希望它能引发更多人对地名与汉字的思考与探索，同时也成为开启“乐城计划”的钥匙。

（作者系深圳市蕾奥规划设计咨询股份有限公司董事长、首席规划师，享受国务院政府特殊津贴专家，中国城市规划学会常务理事，住房和城乡建设部城市设计专家委员会委员，深圳市政协常委）

目录

第一辑 活灵活县

第二辑 镇镇有词

第三辑　村村欲动

特辑　佛山在行动

第一辑

活灵活县

越秀

广州市越秀区，是广州市中心城区，面积33.8平方千米，户籍人口117万人，常住人口96万人，下辖18个街道，222个社区，2024年地区生产总值3511.89亿元。越秀区围绕加快建设老城市新活力引领区和高能级国际大都市核心区持续推进各项工作，实施“百千万工程”十大行动，扎实推进乡村全面振兴，深化区域产业协作。

【拆】

越：走、戉。

秀：禾、乃。

【诗】

斧戉随身走，越王井长秋。

羊衔乃禾穗，秀润镇海楼。

【注】

戉（yuè）：同“钺”，意为像大斧之形。

越王井：又名九眼井，屈大均《广东新语》称“广州诸井此最古”。

羊衔乃禾穗：即五羊衔谷的传说，为广州“羊城”别名的由来。

镇海楼：位于辖区内越秀山（越秀公园）小蟠龙冈上。

五羊雕塑

海珠

广州市海珠区，位于广州市区南部，面积90.4平方千米，户籍人口110.98万人，常住人口176.99万人，下辖18个街道，270个社区，2024年地区生产总值3008.35亿元。海珠区致力成为打造广州高质量发展的新高地、老城市焕发新活力的新示范，从“广州的海珠”走向“世界的海珠”。

【拆】

海：氵、每。

珠：王、牛、人。

【诗】

琶洲水每高，海映小蛮腰。

牛人王气盛，珠湖彩云飘。

【注】

琶洲：辖区内地名。

小蛮腰：广州新电视塔，昵称“小蛮腰”。

珠湖：海珠湖公园。

广州塔

荔湾

广州市荔湾区，位于广州市西部，面积59.1平方千米，户籍人口81.39万人，常住人口113.50万人，下辖22个街道，201个社区，2024年地区生产总值1316.36亿元。荔湾区全力建设具有经典魅力和时代活力的宜业宜居宜乐宜游现代化中心城区。

【拆】

荔：艹、劦。

湾：氵、弯。

【诗】

诗草劦西关，荔红白鹅潭。

珠水弯沙面，湾立十三行。

【注】

劦：意为合力。

西关：位于辖区东北部，明清时因位于广州城西门外而得名。

白鹅潭：位于荔湾区、海珠区交界处，是珠江的西航道、前航道、后航道交汇处。

沙面：为珠江冲积而成的沙洲，近代为英法租界。

十三行：历史地名，旧时清政府设立在广州口岸的特许经营进出口贸易的洋货行。

白鹅潭大湾区艺术中心

天河

广州市天河区，是广州市中心城区，面积137.38平方千米，户籍人口109.47万人，常住人口223.8万人，下辖21个街道，238个社区，2024年地区生产总值6614.69亿元。天河区正朝着建设成为世界级城市客厅、数字经济和总部经济集聚区、老城市新活力引领区、教育文化和科技创新中心重要承载区不断迈进。

【拆】

天：二、人。

河：氵、可。

【诗】

二人逛石牌，天园科韵开。

猎德水可鉴，河淌新城来。

【注】

石牌：辖区内街道名。

天园：辖区内街道名。

科韵：辖区内道路名，为广州互联网产业的集聚地。

猎德水：猎德涌。猎德，辖区内自然村名。

新城：即珠江新城，广州天河CBD（中央商务区）的主要组成部分。

高楼林立的珠江新城 CBD

白云

广州市白云区，位于广州市中北部，面积795.79平方千米，户籍人口126.02万人，常住人口369.56万人，下辖4个镇和20个街道，286个社区和118个行政村，2024年地区生产总值3156.37亿元。白云区以“百千万工程”为引领，发挥“云山珠水”特色及“四大枢纽”资源集聚优势，全力支撑广州全面建成中心型世界城市。

【拆】

白，′、日。

云：六、一。

【诗】

七点红日初，白粥河粉酥。

六一心常驻，云山咏南湖。

【注】

河粉：沙河粉，起源于白云区沙河街道。

云山：白云山，有“羊城第一秀”之称。

南湖：辖区内湖。

白云山

黄埔

广州市黄埔区，位于广州市东部，面积484.17平方千米，户籍人口73.63万人，常住人口123.52万人，下辖1个镇和16个街道，170个行政村（社区），2024年地区生产总值4338.9亿元。黄埔区全力推进“百千万工程”，构建“12136”现代化产业体系，加快广州东部中心规划建设，把“三城一岛”建设成为广州产业发展的增长极。

【拆】

黄：共、由。

埔：士、甫。

【诗】

缘由共萝岗，黄木影玉岩。

功甫家塾士，埔出军校安。

【注】

萝岗：辖区内街道名。

黄木：黄木之湾，黄埔地名的由来。

玉岩：玉岩书院，是广州现存最早的古书院。

功甫家塾：建于民国初年，是一间庭院式的大宅。

军校：黄埔军校。

萝岗香雪公园

花都

广州市花都区，位于广州市北部，面积970.04平方千米，户籍人口90.54万人，常住人口172.87万人，下辖6个镇和4个街道，73个社区和188个行政村，2024年地区生产总值1860.06亿元。花都区深入实施“百千万工程”，统筹推进新型城镇化和乡村全面振兴，厚植高质量发展生态底色，塑造更高品质城乡空间。

【拆】

花：艹、化。

都：者、阝。

【诗】

草枯化无痕，花开塱头深。

如雷贯耳者，都知姓洪人。

【注】

塱头：塱头村，辖区内古村落。

姓洪人：洪秀全，太平天国运动领袖。

洪秀全故居

番禺

广州市番禺区，位于广州市中南部，面积529.94平方千米，户籍人口123.71万人，常住人口322.07万人，下辖5个镇和11个街道，275个村（社区），2024年地区生产总值3070.56亿元。番禺区全速推进“百千万工程”，锚定“智造创新城”定位，以“两轴两带”重点功能片区为载体，不断激发经济社会发展动力活力。

【拆】

番：采、田。

禺：日、内、一。

【诗】

采莲何田田，番山在眼前。

临池内一日，禺中有真言。

【注】

番山：历史地名，番禺名字来源之一。

临池：临池别馆，位于岭南四大园林之一的余荫山房内。

禺中：将近午时。

余荫山房

南沙

广州市南沙区，位于广州市最南端，面积803平方千米，户籍人口56.32万人，常住人口96.79万人，下辖16个镇和4个街道，37个社区和128个行政村，2024年地区生产总值2301.30亿元。南沙区持续激发改革开放创新“三大动力”，加力提速推动南沙开发开放不断打开新局面、迈上新台阶。

【拆】

南：幸、丨、丁。

沙：氵、少。

【诗】

丁香幸一冬，南风天后宫。

葵园喜少水，沙鸥唱晚中。

【注】

天后宫：辖区内景点。

葵园：百万葵园，中国首个将向日葵作为观赏性植物并设计成超大型主题园林的公园。

唱晚：湿地唱晚，羊城新八景之一。

广州港南沙二期码头

从化

广州市从化区，位于广州东北部，面积1985平方千米，户籍人口65.54万人，常住人口72.74万人，下辖5个镇和3个街道，56个社区和221个行政村，2024年地区生产总值441.66亿元。从化区持续以“头号工程”力度推进“百千万工程”，加力推进城中村改造，提升城乡功能品质，塑造高质量发展优势。

【拆】

从：人、人。

化：儿、二。

【诗】

人人争上游，从村到街口。

星儿二度闪，化作溪河流。

【注】

街口：辖区内街道名。

星儿二度闪：电影《闪闪的红星》“小小竹排江中游”取景从化流溪河。

溪河流：流溪河，辖区内河流。

中国国家版本馆广州分馆

增城

广州市增城区，位于广州市东部，面积1616.47平方千米，户籍人口111.74万人，常住人口158.67万人，下辖7个镇和6个街道，85个社区和285个行政村，2024年地区生产总值1412亿元。增城区以“百千万工程”为牵引，推动乡村振兴和城乡区域协调发展，激发区镇村高质量发展动能，打造城乡融合发展示范区。

【拆】

增：土、曾。

城：土、成。

【诗】

士别曾忧民，增彩百花林。

功成土豆乐，城头挂绿新。

【注】

百花林：百花林水库，在增城区东部，因在原百花林村得名。

挂绿：挂绿荔枝，辖区特产，中国国家地理标志产品。

白江湖森林公园

福田

深圳市福田区，位于深圳市中南部，面积78.66平方千米，常住人口152万人，下辖10个街道，92个社区，2024年地区生产总值5948.82亿元。福田区加快全面建设社会主义现代化典范城区和中国式现代化典范城区，深入推进“百千万工程”，进一步开创全域协调发展新局面。

【拆】

福：富、丨。

田：口、+。

【诗】

创富竖标杆，福临莲花山。

商海加风口，田溢彩深南。

【注】

莲花山：莲花山公园，深圳市著名地标，公园内有邓小平铜像。

溢彩深南：深南溢彩，深圳八景之一。

深圳莲花山

罗湖

深圳市罗湖区，位于深圳市中南部，面积78.79平方千米，常住人口104.5万人，下辖10个街道，109个社区，2023年地区生产总值2808.19亿元。罗湖区以“百千万工程”引领高质量发展，锚定“1+N+X”服务业高质量发展工作体系，构建“一轴两带三组团”新发展格局。

【拆】

罗：四、夕。

湖：沽、月。

【诗】

四季日夕佳，罗曼笋岗霞。

沽酒东门月，湖贝古村花。

【注】

日夕：傍晚。

罗曼：英语Romance，即浪漫。

笋岗：辖区内街道名。

东门：又叫深圳墟。深圳是以东门老街为基点发展而来的。

湖贝古村：深圳著名古村落。

深圳地标高楼

盐田

深圳市盐田区，位于深圳市东部，面积74.75平方千米，户籍人口10万人，常住人口21.24万人，下辖4个街道、中英街管理局，19个社区，2023年地区生产总值850.02亿元。盐田区以头号力度推进“百千万工程”，全力打造“深港合作范例、产业创新热土、民生幸福样板”。

【拆】

盐：土、卜、皿。

田：日、一。

【诗】

皿煨土萝卜，盐量莫放多。

中英一日返，田头航母歌。

【注】

中英：中英街。

航母：明思克航母世界主题公园，由退役航母明思克号改造而成。

盐田港

南山

深圳市南山区，位于深圳市中西部，面积185.22平方千米，户籍人口94.39万人，常住人口181.86万人，下辖8个街道，110个社区，2024年地区生产总值9500.97亿元。南山区提出“全面建设全球一流现代化创新城区”，成为展现中国特色社会主义优越性的精彩缩影。

【拆】

南：幸、丨、丁。

山：川、一。

【诗】

草竖幸园丁，南头粤海明。

一川汇蛇口，山含锦绣情。

【注】

南头：南头古城，为深圳特区成立前宝安县政府所在地。

粤海：辖区内街道名，因有多家知名科技公司闻名。

蛇口：蛇口工业区，是中国第一个外向型经济开发区，被视为“特区中的特区”。

锦绣：锦绣中华民俗村，辖区内景区。

深圳湾超级总部基地

宝安

深圳市宝安区，位于深圳市西北部，面积381.2平方千米，常住人口456.54万人，下辖10个街道，140个社区，2024年地区生产总值5300.43亿元。宝安区以头号力度推进“百千万工程”，深化与周边城市交通互联、产业联动，加快打造珠江口东西两岸融合发展引领区。加快推动区内均衡一体化发展。

【拆】

宝：宇、丶、一。

安：宀、女。

【诗】

屋宇一点光，宝地引凤凰。

持家有淑女，安然住村庄。

【注】

凤凰：凤凰古村，辖区内著名村落。

前海深港现代服务业合作区

龙岗

深圳市龙岗区，位于深圳市东北部，面积388.59平方千米，户籍人口134.9万人，常住人口409.81万人，下辖11个街道，111个社区，2024年地区生产总值5901.27亿元。龙岗区深入实施“一芯两核多支点”区域发展战略，持续推进深圳东部中心建设。

【拆】

龙：尤、丿。

岗：山、冈。

【诗】

撇捺尤做人，龙河映翠昏。

山冈可揽胜，岗南岭早春。

【注】

龙河映翠：龙岗新十景之一。

南岭春早：龙岗新十景之一。

大运公园

龙华

深圳市龙华区，位于深圳市中北部，面积175.58平方千米，户籍人口68.9万人，常住人口251.84万人，下辖6个街道，113个社区，2024年地区生产总值3154.45亿元。龙华区加速“五个区”建设，打造数字龙华，建设中轴新城，推进深圳都市核心区建设。

【拆】

龙：小、儿。

华：化、+。

【诗】

小花儿欲燃，龙舟好观澜。

打工加文化，华夏传美谈。

【注】

观澜：辖区内街道名。

深圳北站

坪山

深圳市坪山区，位于深圳市东北部，面积166.31平方千米，户籍人口17.65万人，常住人口61.61万人，下辖6个街道，24个社区，2024年地区生产总值1443.8亿元。坪山区大力推动科技创新和产业创新融合发展，在更高目标、更高层次、更高水平上打造“创新坪山、未来之城”。

【拆】

坪：土、平。

山：三、一。

【诗】

沃土平整间，坪坳现龙田。

退一进三后，山瀑泻马峦。

【注】

龙田：辖区内街道名。

马峦：辖区内街道名。

聚龙山生态公园樱花谷

光明

深圳市光明区，位于深圳市西北部，面积155.44平方千米，户籍人口20.23万人，常住人口115.09万人，下辖6个街道，31个社区，2024年地区生产总值1721.3亿元。光明区加快打造大湾区综合性国家科学中心先行启动区、更具全球影响力的产业科技创新中心和粤港澳大湾区高水平人才高地的核心承载区。

【拆】

光：小、兀。

明：日、月。

【诗】

兀兀小牡丹，光影红花山。

麒麟日月舞，明炉烧鹅香。

【注】

红花山：红花山公园。

麒麟舞：又名大船坑舞麒麟，国家级非物质文化遗产。

烧鹅：公明烧鹅，因产自公明街道而得名。

光明科学城

香洲

珠海市香洲区，位于珠海市东部，面积539.76平方千米，户籍人口77.35万人，常住人口114.77万人，下辖1个镇和9个街道，130个社区，2024年地区生产总值2000.64亿元。香洲区大力实施“百千万工程”，当好珠海高质量发展的“顶梁柱”，力争“十五五”再造一个香洲、2035年冲击万亿目标。

【拆】

香：禾、日。

洲：氵、州。

【诗】

日晒禾穗摇，香聚横琴蚝。

水州观渔女，洲连拱北桥。

【注】

横琴蚝：产自珠海横琴岛的牡蛎，以品质上乘著称。

渔女：渔女雕像，是珠海市的象征。

拱北：拱北口岸，连接澳门特别行政区与珠海市的口岸。

渔女雕像

金湾

珠海市金湾区，位于珠海市西南部，面积570.99平方千米，户籍人口22.81万人，常住人口45.6万人，下辖4个镇，28个社区和14个行政村，2024年地区生产总值946.28亿元。金湾区围绕“珠海中国式现代化城市样板创新发展示范区”的目标定位，深耕“百千万工程”，加快建设珠海西部城市中心。

【拆】

金：余、一。

湾：氵、亦、弓。

【诗】

一壶尽余欢，金字缘瑶官。

亦或弓带水，湾深筑高栏。

【注】

瑶官：清乾隆年间设立瑶官府，管辖金湾地区。

弓带水：传统风水学术语，寓意“藏风聚气”，使风水变好。

高栏：高栏港，国家一类对外开放口岸。

金湾区

斗门

珠海市斗门区，位于珠海市西部，面积614.32平方千米，户籍人口46.74万人，常住人口62万人，下辖5个镇和1个街道，28个社区和101个行政村，2024年地区生产总值539.49亿元。斗门区全力打造珠海市实体经济发展、“百千万工程”主战场，加快建设中国式现代化“大斗门”。

【拆】

斗：二、十。

门：i、J。

【诗】

二十浅酒窝，斗唱咸水歌。

伊人窗几立，门掩白藤荷。

【注】

i：音“伊”。

J：音“几”。

咸水歌：斗门沙田传统民歌。

白藤：白藤湖。

白藤湖

金平

汕头市金平区，位于汕头市西北部，面积114.64平方千米，户籍人口70.59万人，常住人口77.23万人，下辖12个街道，170个社区，2024年地区生产总值648.85亿元。金平区深入实施“百千万工程”，大力推进“产业强区、科教兴区、商贸旺区、文化活区、环境优区”建设。

【拆】

金：人、工、不。

平：土、八。

【诗】

工人不简单，金砂桑浦山。

土茶尚八法，平隰牛田洋。

【注】

金砂：辖区内街道名。

桑浦山：辖区内山名。

平隰：低洼的湿地。

牛田洋：辖区内地名。

汕头小公园

龙湖

汕头市龙湖区，位于汕头市东北部，面积125.57平方千米，户籍人口52.42万人，常住人口65.04万人，下辖10个街道，92个社区和33个行政村，2024年地区生产总值670.1亿元。龙湖区大力实施“百千万工程”，加快建设现代化活力经济特区核心城区，在汕头一盘棋中更好地发挥辐射带动作用，努力开创龙湖现代化建设新局面。

【拆】

龙：尤，丿。

湖：沽、月。

【诗】

撇捺尤人意，龙腾辉珠池。

月下沽老酒，湖外砂新溪。

【注】

腾辉：腾辉塔。

珠池：辖区内街道名。

外砂：辖区内街道名。

新溪：辖区内街道名。

汕头海湾大桥

澄海

汕头市澄海区，位于汕头市东北部，面积382.93平方千米，户籍人口79.01万人，常住人口93.92万人，下辖8个镇和3个街道，45个社区和137个行政村，2024年地区生产总值605.82亿元。澄海区奋力在“百千万工程”建设热潮中争先创优，走产城人深度融合的高质量发展之路。

【拆】

澄：氵、登。

海：氵八、母。

【诗】

莲下水登山，澄华红头船。

母语澎汃响，海出樟林湾。

【注】

莲下：辖区内镇名。

澄华：辖区内镇名。

澎汃：形容波浪冲激的声音。

樟林：樟林古港，辖区内古迹。

澄海狮头鹅

濠江

汕头市濠江区，位于汕头市东南部，面积171.26平方千米，户籍人口30.72万人，常住人口27.1万人，下辖7个街道，60个社区，2024年地区生产总值192.9亿元。濠江区深入推进“百千万工程”典型区建设，打造港城融合示范区，努力成为推动汕头在新时代经济特区建设中迎头赶上的重要引擎。

【拆】

濠：氵、豪。

江：汀、一。

【诗】

水豪南山湾，濠上论鱼欢。

汀兰一赤港，江浦尝酥糖。

【注】

南山湾：辖区内景区。

赤港：辖区内社区名。

酥糖：辖区特产。

礐石风景区

潮阳

汕头市潮阳区，位于汕头市西南部，面积667.93平方千米，户籍人口188.39万人，常住人口167.3万人，下辖9个镇和4个街道，93个社区和180个行政村，2024年地区生产总值552.61亿元。潮阳区深入实施“百千万工程”，全力以赴打造传统产业创新示范区，加快建设高质量发展的现代化新潮阳。

【拆】

潮：氵、十、早、月。

阳：阝、日。

【诗】

十月早水奢，潮剧舞英歌。

文光阜丰日，阳春润山河。

【注】

英歌：英歌舞，国家级非物质文化遗产。

文光：辖区内街道名。

潮阳西胪英歌舞

潮南

汕头市潮南区，位于汕头市西南部，面积600.74平方千米，户籍人口150.72万人，常住人口124.76万人，下辖10个镇和1个街道，65个社区和167个行政村，2024年地区生产总值455.08亿元。潮南区以“百千万工程”为总抓手，不断开创潮南现代化建设新局面。

【拆】

潮：泊、一、十、月。

南：幸、丨、丁。

【诗】

十月泊一帆，潮起漫胪岗。

竖丁小确幸，南陇田峡山。

【注】

胪岗：辖区内镇名。

陇田：辖区内镇名。

峡山：辖区内街道名。

桥陈村湿地公园

南澳

汕头市南澳县，广东唯一的海岛县，面积约115.05平方千米，其中主岛面积约112.05平方千米，户籍人口约7.5万人，常住人口约6.37万人，下辖3个镇和2个管委会，5个社区和41个行政村，2024年地区生产总值42.66亿元。南澳县纵深推进“百千万工程”，培育县域经济高质量发展增长点。

【拆】

南：幸、i、J。

澳：氵、奥。

【诗】

伊幸家己人，南照戚继光。

淳奥宋水井，澳清映象山。

【注】

i：音“伊”。

J：音“己”。

家己人：潮汕话，自己人。

淳奥：精粹深奥。

宋水井：宋井，位于海边的一口宋代开掘的淡水井。

象山：南澳出土的距今约8000年的“象山文化”是粤东考古发现的最早的新石器时代文化遗存。

南澳大桥

禅城

佛山市禅城区，是佛山市中心城区，面积154平方千米，户籍人口76万人，常住人口137万人，下辖1个镇和3个街道，94个社区和53个行政村，2024年地区生产总值2421.08亿元。禅城区紧扣城市中心定位，打造“佛山之心”，奔赴“六最”（最中心、最佛山、最便捷、最活力、最平安、最幸福）现代化禅城。

【拆】

禅：示、单。

城：土、成。

【诗】

单冠示天下，禅乡名季华。

土桥成通济，城船泊晚沙。

【注】

季华：季华乡，佛山的旧称。

通济：通济桥。

城船泊晚沙：粤剧艺人又称“红船子弟”，有“红船泊晚沙，万人看琼花”一说。

岭南明珠体育馆

南海

佛山市南海区，位于佛山市中北部，面积1073平方千米，户籍人口160万人，常住人口380万人，下辖6个镇和1个街道，224个社区和66个行政村，2024年地区生产总值突破4000亿元。南海区以“百千万工程”牵引城产人文高质量融合发展，坚持以人文引领、科技驱动，建设更具人文特质的现代化活力新南海。

【拆】

南：大、¥。

海：三、每。

【诗】

灯湖聚大钱，南国有桃园。

三湖每揽卷，海寿撑渡船。

【注】

灯湖：千灯湖，为人工湖及一系列公共建筑景观。

南国有桃园：南国桃园，佛山新八景之一。

三湖：三湖书院，辖区内古迹。

海寿：海寿岛，辖区内江心岛。

千灯湖

顺德

佛山市顺德区，连续多年位居全国综合实力百强区首位，位于佛山市东南部，面积806平方千米，户籍人口172.43万人，常住人口326.86万人，下辖6个镇和4个街道，98个社区和108个行政村，2024年地区生产总值4293.83亿元。顺德区深入探索新时代人文经济学实践路径，积极打造岭南文化精致小城，奋力打开改革发展新天地。

【拆】

顺：川、页。

德：人、志、一、四。

【诗】

画页藏山川，顺意凤城天。

一人四海志，德胜咏新篇。

【注】

凤城：顺德的别称。

顺德区（周焯杰供图）

高明

佛山市高明区，位于佛山市西部，面积937.81平方千米，户籍人口35.57万人，常住人口47.79万人，下辖3个镇和1个街道，77个村（社区），2024年地区生产总值1107.06亿元。高明区全面落实佛山“西进计划”，全力建设佛山西部经济新中心，加快打造“开放之城、活力之城、品质之城、诗画之城、幸福之城”。

【拆】

高：亢、吕。

明：日、月。

【诗】

亢进律吕空，高踞第一峰。

龙窑藏日月，明城东门红。

【注】

律吕：古代乐律的统称。

第一峰：皂幕山，为佛山市区域内最高的山峰。

龙窑：高明龙窑遗址为广东省内首次发现的唐代龙窑遗址。

东门：东门圩，有500多年历史。

东门圩（叶丽梅供图）

三水

佛山市三水区，位于佛山市西北部，面积827.69平方千米，户籍人口53.75万人，常住人口88.91万人，下辖5个镇和2个街道，24个社区和48个行政村，2024年地区生产总值1536.58亿元。三水区落实佛山北向战略，全力建设环西江先行区，优化城市功能品质，推进乡村全面振兴，塑造城乡区域协调发展新优势。

【拆】

三：一、二。

水：小、八。

【诗】

二楔一带稠，三江此汇流。

小城八方客，水都立旗头。

【注】

二楔一带：两楔一带，为三水区正在建设的一个绿色生态项目。

三江：西江、北江、绥江，在境内汇流。

水都：工业园区，全国聚集度最高的食品饮料专业园区之一。

旗头：大旗头古村，2004 年被广东省文化厅评为“广东第一村”。

三江汇流（三水区委宣传部供图）

浈江

韶关市浈江区，位于韶关市东北部，面积572.35平方千米，户籍人口30.21万人，常住人口36.01万人，下辖5个镇、4个街道和2个办事处，47个社区和48个行政村，2024年地区生产总值233.44亿元。浈江区持续提升城市功能品质、推进典型镇村建设、推进乡村全面振兴，加快建设城乡融合发展的新浈江。

【拆】

浈：氵、贞。

江：三、工。

【诗】

贞观威水后，浈流映韶州。

三才工于世，江绕风采楼。

【注】

贞观：唐贞观元年改东衡州为韶州，区境随曲江县属韶州。

三才：指天、地、人。

风采楼：明弘治年间为纪念北宋名臣韶州人余靖而建，因余靖有“更加风采动朝端”之誉故名。

韶阳楼

武江

韶关市武江区，位于韶关市中部，面积677.85平方千米，户籍人口32.27万人，常住人口38.87万人，下辖5个镇和2个街道，42个社区和49个行政村，2024年地区生产总值318.94亿元。武江区加快构建现代化产业体系，建设高品质中心城区，打造高标准城乡融合发展示范区，奋力开创武江高质量发展新局面。

【拆】

武：正、弋。

江：三、工。

【诗】

游弋兴正高，武火炊铜勺。

工农唤三产，江引沐溪腰。

【注】

武火：猛火。

铜勺：铜勺饼，俗称铜铁勺米果，辖区特色传统小吃。

沐溪：沐溪水库。

涂屋村特色非遗水车

曲江

韶关市曲江区，位于韶关市南部，面积1620.77平方千米，户籍人口32.27万人，常住人口38.87万人，下辖9个镇和1个街道，111个村（社区），2024年地区生产总值318.94亿元。曲江区纵深推进“百千万工程”，主动融入湾区、融入主城区，举全区之力争当“融湾入圈”先行示范区。

【拆】

曲：1、由。

江：氵、工。

【诗】

一物有原由，曲直莫外求。

矿工挥汗水，江流解千愁。

【注】

一物：取自“本来无一物，何处惹尘埃”。

矿工：曲江以矿产资源丰富闻名。

武广高铁在上千亩农田的高架桥上飞驰而过

乐昌

韶关市乐昌市，位于韶关市北部，面积2419平方千米，户籍人口51.69万人，常住人口37.55万人，下辖16个镇、1个街道和2个办事处，20个社区和195个行政村，2024年地区生产总值156.67亿元。乐昌实施“1361”工作部署，争取在中国式现代化建设全省大局中争先进位、全韶实践中走在前列。

【拆】

乐：几、小。

昌：日、日。

【诗】

几只小马蹄，乐当金鸡迷。

云岩日日雾，昌峡平湖低。

【注】

马蹄：乐昌有“中国马蹄之乡”美誉。

金鸡：金鸡啼晓，乐昌新八景之一。

云岩：辖区内镇名。

昌峡平湖：乐昌新八景之一。

象牙山

南雄

韶关市南雄市，位于韶关市东北部，面积2326.18平方千米，户籍人口48.53万人，常住人口35.05万人，下辖17个镇和1个街道，236个村（社区），2024年地区生产总值149.49亿元。南雄市以“百千万工程”建设牵引高质量发展，坚持新型城镇化和乡村全面振兴并举，构建城乡融合发展新格局。

【拆】

南：幸、I、J。

雄：一、么、隹。

【诗】

爱幸珠玑口，南北此咽喉。

一隹笃么状，雄关梅岭留。

【注】

I：音“爱”。

J：音“玑”。珠玑巷，古代中原南下的中转地，有广府文化发祥地之称。

隹：指鸟。

笃么：徘徊、盘旋。

珠玑古巷广场

仁化

韶关市仁化县，位于韶关市北部，面积2223平方千米，户籍人口23.9万人，常住人口18.64万人，下辖10个镇和1个街道，127个村（社区），2024年地区生产总值121.29亿元。仁化县以“百千万工程”为统领，扎实推进项目招引建设、产业培育、乡村振兴、生态发展、农文旅融合、民生保障等工作。

【拆】

仁：亻、二。

化：亻、七。

【诗】

一个老凉亭，仁义赶考情。

七军扶溪上，化丹为霞形。

【注】

老凉亭、赶考：灵溪河森林公园内的老凉亭原是古时学子上京赶考的必经之地。

扶溪、七军：扶溪镇是革命老区。1931年邓小平率红七军经扶溪转战长江、赣南，完成“7000里远征”。

瑶塘新村特色民宿

始兴

韶关市始兴县，位于韶关市东部，面积2131.94平方千米，户籍人口26.28万人，常住人口19.85万人，下辖9个镇和1个民族乡，14个社区和113个行政村，2024年地区生产总值103.5亿元。始兴县坚持生态立县、农业稳县、工业富县、文旅兴县“四大战略”，统筹推进新型城镇化和乡村全面振兴。

【拆】

始：女、台。

兴：六、丷。

【诗】

竹杆女登台，始祖北方来。

六月车八岭，兴满堂围开。

【注】

竹竿：竹竿舞，辖区特色民俗舞蹈。

车八岭：车八岭国家级自然保护区。

满堂围：满堂客家大围，国家级文物保护单位，有“岭南第一大围”之称。

满堂围

翁源

韶关市翁源县，位于韶关市东南部，面积2175平方千米，户籍人口41.78万人，常住人口32.33万人，下辖8个镇，23个社区和156个行政村，2024年地区生产总值155.84亿元。翁源县以“百千万工程”为主攻点，锚定“4211”工作目标，进一步全面深化改革，因地制宜加快发展新质生产力，不断增进民生福祉。

【拆】

翁：公、羽。

源：三、原。

【诗】

羽藏鸡公石，翁住长安围。

三华原仙邑，源自八泉肥。

【注】

鸡公石：辖区内地名。

长安围：又称湖心坝客家民居群，有550多年历史。

三华：辖区内地名，三华李的发源地。

仙邑：翁源的别称。

八泉：翁源灵池山有八处泉眼，汇流形成翁江。

长安围

新丰

韶关市新丰县，位于韶关市南部，面积1967.45平方千米，户籍人口26.41万人，常住人口19.45万人，下辖6个镇和1个街道，18个社区和141个行政村，2024年地区生产总值90.05亿元。新丰县全力推进“百千万工程”，落实“五个新成效”工作要求，区域价值全方位提升、高质量发展势头强劲。

【拆】

新：亲、斤。

丰：士、十。

【诗】

亲情重万斤，新月雁塔明。

士别三十载，丰收颂文惊。

【注】

雁塔：新丰雁塔，建于清乾隆四年（1739），省级文物保护单位。

颂文：张颂文，新丰人，因饰演《狂飙》“高启强”一角而闻名。

云髻山

乳源

韶关市乳源瑶族自治县，位于韶关市西部，面积2299平方千米，户籍人口23.23万人，下辖9个镇，116个村（社区），2024年地区生产总值128.07亿元。乳源瑶族自治县树立“必须要跳起来，才摘得到”的目标，聚力攻坚“百千万工程”，全域规划、全域建设、全域治理、全域融合，促进城乡各美其美、美美与共。

【拆】

乳：孚、乚。

源：氵、原。

【诗】

孚笋生丝毫，乳柱见岁高。

瀑水原南岭，源接过山瑶。

【注】

孚笋：新竹、幼竹。

乚：同“毫”。

乳柱：钟乳岩洞内的石笋。

瀑水、南岭：南岭国家森林公园的天然瀑布群。

过山瑶：中国四大瑶族支系之一，以乳源为中心分布。

南岭国家森林公园

源城

河源市源城区，位于河源市南部，面积361.5平方千米，户籍人口34.93万人，常住人口71.29万人，下辖2个镇和5个街道（不含江东新区城东街道），46个社区和28个行政村，2024年地区生产总值550.35亿元。源城区聚力全域全面“融湾”“融深”，全力实施“百千万工程”，加快建设绿色崛起现代化枢纽城区。

【拆】

源：氵、原。

城：土、成。

【诗】

水底蕴原形，源西见石坪。

土成龟峰塔，城中朱门亭。

【注】

石坪：辖区内地名。

龟峰塔：国家级文物保护单位。

朱门亭：辖区内地名。

龟峰塔

东源

河源市东源县，位于河源市中部，面积4070平方千米，户籍人口58.35万人，下辖20个镇和1个畲族民族乡，29个社区和258个行政村，2024年地区生产总值195.2亿元。东源县落实“1177”具体安排，全力擘画“百千万工程”“实景图”，当好河源绿色崛起主力军。

【拆】

东：七、小。

源：氵、原。

【诗】

回龙七小乡，东河绕仙塘。

顺天原水意，源自新丰江。

【注】

回龙：新回龙镇，辖区内镇名。

仙塘：辖区内镇名。

顺天：辖区内镇名。

新丰江：新丰江水库。

万绿湖

和平

河源市和平县，位于河源市北部，面积2292.08平方千米，户籍人口55.38万人，常住人口35.13万人，下辖17个镇，248个村（社区）、1个市属国营黎明林场，2024年地区生产总值142.77亿元。和平县高效统筹县的优势、镇的特点、村的资源，全面推进强县促镇带村，有力有序推进“百千万工程”。

【拆】

和：禾、口。

平：立、丨。

【诗】

浰江禾口清，和气腾狮形。

古寨红竖立，平治效阳明。

【注】

狮形：辖区内村名。

古寨：辖区内镇名。

阳明：辖区内镇名。

林寨古村

龙川

河源市龙川县，位于河源市东北部，面积3081平方千米，户籍人口95.79万人，常住人口28.25万人，下辖24个镇，46个社区和315个行政村，2024年地区生产总值192.63亿元。龙川县奋力提速“百千万工程”，大力推动龙川新城开发建设，打造现代化县城示范样板，在河源加快实现绿色崛起中推动龙川全面振兴。

【拆】

龙：义、七。

川：一、二。

【诗】

义都七八峰，龙母念佗城。

鹤市一二里，川流芝野雯。

【注】

义都：辖区内镇名。

鹤市：辖区内镇名。

佗城：辖区内镇名。

芝野：辖区内地名。

细坳镇小参村

紫金

河源市紫金县，位于河源市东南部，面积3635.13平方千米，户籍人口75.19万人，常住人口46.91万人，下辖16个镇（不含江东新区古竹镇、临江镇），27个社区和245个行政村，2024年地区生产总值169.01亿元。紫金县是广东重要产茶区，多次获“广东十大好春茶”等荣誉。

【拆】

紫：此、糸。

金：余、一。

【诗】

丝竹此地扬，紫气漫秋香。

余春牛一舞，金耀苏区强。

【注】

秋香：秋香江，紫金的母亲河。

春牛：紫金春牛舞，市级非物质文化遗产。

苏区：苏区镇，中国唯一以“苏区”命名的乡镇。

紫金产业园

连平

河源市连平县，位于河源市西北部，户籍人口40.28万人，面积2275.01平方千米，下辖13个镇，16个社区和159个行政村，2024年地区生产总值116.15万元。连平县自然资源丰富，获国家级生态示范区、中国宜居宜业典范县、全国环境综合整治先进县、全国文明县城、中国鹰嘴蜜桃之乡等荣誉称号。

【拆】

连：车、辶。

平：士、八。

【诗】

车辵上坪凹，连片鹰嘴桃。

士气八千丈，平地溪山腰。

【注】

辶：辵，在十字路口迈步前行。

鹰嘴桃：辖区特产，国家地理标志产品。

溪山：辖区内镇名。

连平鹰嘴桃基地

梅江

梅州市梅江区，位于梅州市中部，面积570.64平方千米，户籍人口36.59万人，常住人口43.74万人，下辖4个镇和3个街道，49个社区和81个行政村，2024年地区生产总值324.91亿元。梅江区是国家历史文化名城、国家级客家文化（梅州）生态保护区的核心区域。

【拆】

梅：木、每。

江：氵、工。

【诗】

每闻草木苏，梅开人境庐。

天工临溪水，江鱼游客都。

【注】

人境庐：晚清诗人黄遵宪的书斋。

天工：天然形成的高超技艺。

临溪水：取自杨万里“一路谁栽十里梅，下临溪水恰齐开”。

客都草鱼：梅州首个获国家农产品地理标志认证的水产品。

黄遵宪纪念馆

梅县

梅州市梅县区，位于梅州市中部，面积2482.86平方千米，户籍人口61.38万人，常住人口55.27万人，下辖17个镇、1个办事处和1个管委会，34个社区和355个行政村，2024年地区生产总值276.75亿元。梅县区获中国金柚之乡、中国旅游强县、全国文化先进县、国家农业现代化示范区、国家全域旅游示范区等荣誉称号。

【拆】

梅：木、人、母。

县：且、八、一。

【诗】

花木如人母，梅红九龙欢。

八一且不表，县长早出山。

【注】

九龙：九龙嶂革命根据地，国务院首批命名的革命老区，原中央苏区的重要组成部分。

八一：指南昌起义。

县长：1925 年国民革命军东征攻克梅县，叶剑英曾兼任梅县县长。

梅县区南口镇闲置古民居“慎轩楼”改造而成的姓氏文化大观园——南源世第

兴宁

梅州市兴宁市，位于梅州市西部，面积2105平方千米，户籍人口112.97万人，常住人口76.49万人，下辖17个镇和3个街道，2024年地区生产总值225.16亿元。兴宁市有华侨之乡、文化之乡、足球之乡的美誉。

【拆】

兴：六、丷。

宁：宀、丁。

【诗】

八景六更新，兴市小南京。

家国园丁盛，宁静神光清。

【注】

八景六更新：明清时期，兴宁县曾有过 5 次“八景”评选，县内 14 处风景名胜先后进入“八景”名单。加上现在，谓六更新。

兴市：兴宁市工商业和交通运输业历来比较发达，是粤闽赣边商品集散地，素有“小南京”之称和“无兴不成市”之说。

小南京：兴宁素有“小南京”之称。

园丁：兴宁有中国“大学校长摇篮”之称。

神光：神光山。

火把节民俗活动

平远

梅州市平远县，位于梅州市北部，面积1381平方千米，户籍人口25.71万人，常住人口18.66万人，下辖12个镇，7个社区和136个行政村，2024年地区生产总值103.66亿元。平远县是中国油茶之乡、中国仙草之乡、广东橙乡，获全国绿化模范县、国家森林康养基地、全国森林旅游示范县等荣誉称号。

【拆】

平：干、八。

远：元、之。

【诗】

干杯八尺娘，平石五指长。

客都元之始，远山南台旁。

【注】

八尺娘：八尺娘酒，辖区内八尺镇的传统美食。

石五指：五指石风景区。

客都元之始：平远县城大柘镇是广东古八贤之首客家先贤程旼的故乡，有“世界客家文化始祖地”“世界客都第一村”美誉。

山南台：南台山。

五指石风景区

蕉岭

梅州市蕉岭县，位于梅州市北部，面积960平方千米，户籍人口22.62万人，常住人口17.91万人，下辖8个镇，10个社区和97个行政村，2024年地区生产总值116.87亿元。蕉岭县是世界长寿乡、原中央苏区县，获中国生态文明县、中国最美乡村百佳县、全国农村综合改革示范县、全国森林康养基地试点建设县等荣誉称号。

【拆】

蕉：艹、焦。

岭：山、令。

【诗】

草焦高台庵，蕉韵思台湾。

山丘逢甲令，岭藏长寿丹。

【注】

高台庵：天马山半山腰的古建筑，因山势险峻形似高台而得名。

思台湾：蕉岭县是全省著名的“台胞之乡”。

丘逢甲：祖籍广东嘉应州镇平县（今蕉岭），晚清抗日保台志士、爱国诗人。

长寿：蕉岭是有名的长寿乡。

丘逢甲故居

大埔

梅州市大埔县，位于梅州市东部，面积2462平方千米。户籍人口53.32万人，常住人口32.07万人，下辖14个镇，11个社区和245个行政村，2024年地区生产总值115.1亿元。大埔县“六事”乡村治理等一批改革经验获中央表彰，并在全国推广。

【拆】

大：一、人。

埔：土、甫。

【诗】

一人呼百侯，大山蜜柚收。

三河甫土坝，埔东花萼楼。

【注】

百侯：辖区内镇名，有文化之乡、华侨之乡、干部之乡等美誉。

蜜柚：大埔是“中国蜜柚之乡”。

三河甫土坝：三河坝战役，南昌起义后朱德率起义军在大埔县三河坝与国民党军发生的战斗。

花萼楼：一座典型的客家土围楼，有400年的历史，国家级文物保护单位。

花萼楼

丰顺

梅州市丰顺县，位于梅州市东南部，面积2706平方千米，户籍人口73.4万人，常住人口47.9万人，下辖16个镇和1个国营农场，20个社区、261个行政村和2个管理区，2024年地区生产总值143.57亿元。丰顺县是全国三大电声产业基地之一、国家外贸转型升级基地，有中国温泉之城、中国电声之都、中国长寿之乡等美誉。

【拆】

丰：士、十。

顺：川、页。

【诗】

将士十一军，丰溪春涨云。

山川如画页，顺天火龙神。

【注】

十一军：八乡山是东江苏维埃政府和中国工农红军第十一军诞生地。

丰溪春涨：辖区内美景。

火龙：丰顺埔寨火龙，国家级非物质文化遗产。

烧火龙

五华

梅州市五华县，位于梅州市西南部，面积3238平方千米，户籍人口149.82万人，常住人口92.35万人，下辖16个镇，34个社区和415个行政村，2024年地区生产总值202.16亿元。五华县以“石匠”“铁匠”“木匠”闻名，近年来也逐步做强绿色环保、食品加工、口腔医疗、矿山机械设备制造等产业。

【拆】

五：王、1。

华：化、+。

【诗】

足球一县王，五察雄狮山。

显化加长乐，华润七目颜。

【注】

足球：五华县是球王李惠堂的籍贯地。

雄狮山：狮雄山建筑遗址，为一处秦汉早期遗址，有南越王赵佗所建“长乐台”行宫。

显化：指点，教导。

长乐：五华旧名长乐。

七目：七目嶂，广东省最大的天然次生阔叶林保护区之一。

李惠堂雕像

惠城

惠州市惠城区，位于惠州市中部，面积1157平方千米，户籍人口115.89万人，常住人口156.68万人，下辖5个镇和8个街道，83个社区和142个行政村，2024年地区生产总值1176.03亿元。惠城区重点增强生产性服务业对制造业的支撑作用，重点围绕金融服务、科技研发、现代物流等领域打造10个特色生产性服务业集聚区。

【拆】

惠：虫、二、心。

城：坊、七。

【诗】

虫二心念苏，惠风绿西湖。

祝屋六七坊，城角枝山孤。

【注】

虫二：繁体字“風月”去外框取近似字所得，意风月无边，用来形容风光美好宜人或一种由外部环境引起的无边无际的舒适感觉。

苏：苏东坡。

西湖：惠州西湖。

祝屋：祝屋巷。传说祝枝山及其后人曾在此筑屋而居。

枝山：祝枝山。

惠州西湖

惠阳

惠州市惠阳区，位于惠州市西南部，面积917.13平方千米，户籍人口45.24万人，常住人口97.50万人，下辖9个镇，32个社区和102个行政村，2024年地区生产总值868.78亿元。惠阳区大力培育打造新型显示、新型储能、人工智能、智能家居、绿色建材、时尚产业、现代物流等七大百亿特色产业集群。

【拆】	【诗】
惠：思、土、丶。	故土点思量，惠满平潭昌。
阳：阝、了、日。	一日可了愿，阳泽待秋长。

【注】

平潭：辖区内镇名。

阳泽：喻普施恩泽。

秋长：辖区内街道名。

惠阳新城

惠东

惠州市惠东县，位于惠州市东部，面积3528.7平方千米。户籍人口91.53万人，常住人口102.28万人，下辖12个镇、2个街道和3个管委会，53个社区和245个行政村，2024年地区生产总值828.51亿元。惠东县立足自身资源禀赋与产业基础，构建起“传统产业焕新、新兴产业壮大、特色产业提质”的发展新格局。

【拆】

惠：土、丶、日、心。

东：力、小。

【诗】

土冲日心点，惠润平海城。

海龟力不小，东临双月风。

【注】

土冲日心：土星冲日。冲日前后土星距离地球最近，也最明亮。

惠润：恩泽。

平海城：平海古城，辖区内古迹。

海龟：海龟湾，中国唯一的国家海龟自然保护区。

双月：双月湾，因鸟瞰形状似两轮新月得名。

中洞改编纪念雕塑

博罗

惠州市博罗县，位于惠州市中北部，面积约2858平方千米，户籍人口98.05万人，下辖15个镇和2个街道，46个社区和331个行政村，2024年博罗县地区生产总值952.24亿元。博罗县推动资源要素往园区集中，打造了近30平方千米的产业主平台，引进企业近300家。

【拆】

博：十、甫、寸。

罗：四、夕。

【诗】

翁甫十寸须，博闻邓子瑜。

夕照四时景，罗浮啖荔趋。

【注】

翁甫：对老者的尊称。

邓子瑜：博罗县人，中国近代民主革命家。

罗浮：罗浮山，中国道教名山。

联和水库

龙门

惠州市龙门县，位于惠州市北部，面积2267平方千米，户籍人口35.31万人，常住人口32.17万人，下辖7个镇和2个林场，24个社区和156个行政村，2024年地区生产总值203.1亿元。龙门县加力提速推进“百千万工程”建设，环南昆山—罗浮山县镇村高质量发展引领区建设，城乡发展协调性不断增强。

【拆】

龙：九、小。

门：丨、丶、丁。

【诗】

九上小塔山，龙腾马图岗。

农画一丁点，门外喜洋洋。

【注】

塔山：分塔山森林公园，被誉为“龙门县城之肺”。

马图岗：马图岗古村，部分古建筑有约900年历史。

农画：龙门农民画，龙门县是“中国现代民间绘画画乡”。

南昆山

城区

汕尾市城区，位于汕尾市东南部，面积302.11平方千米，户籍人口38.5万人，常住人口40.04万人，下辖3个镇和4个街道，40个社区和59个行政村，2024年地区生产总值349.44亿元。汕尾市城区主要发展深圳光明—汕尾城区共建产业园、汕尾马宫渔港经济区、中国（汕尾）跨境电子商务综合试验区电商园区等项目。

【拆】

城：坊、乂。

区：厂、又。

【诗】

田墘坊乂康，城吻红海湾。

腾笼又兴厂，区心品清缘。

【注】

田墘：辖区内街道名。

红海湾：旧称汕尾湾，有“中国观浪第一湾”之称。

乂康：安定康乐。

品清：品清湖，中国最大的内陆潟湖，被誉为“汕尾母亲湖”。

滨海公园体育中心

陆丰

汕尾市陆丰市，位于汕尾市东南部，面积1703平方千米（含华侨管理区），户籍人口190.91万人，常住人口122.77万人，下辖3个街道、17个镇、1个管理办公室和2个农场，50个社区和285个行政村，2024年地区生产总值458.20亿元。陆丰市坚持制造业强市战略不动摇，持续拓展产业发展空间，稳步提高工业实力。

【拆】

陆：阝、击。

丰：三、丨。

【诗】

游击山阜藏，陆达乌坎堂。

三竖根据地，丰收皮影忙。

【注】

阝：同“阜”，泛指山。

乌坎：辖区内村名。

根据地：海陆丰革命根据地，中国共产党最早创建的革命根据地之一。

皮影：陆丰皮影戏，国家级非物质文化遗产。

金厢下埔村

海丰

汕尾市海丰县，位于汕尾市北部，面积1310.04平方千米（不含深汕特别合作区），户籍人口77.82万人，常住人口74.38万人，下辖12个镇、2个农（林）场和1个经济开发区，42个社区和240个行政村，2024年地区生产总值462.7亿元。海丰县坚持融湾先行、产业兴县，加快构建具有海丰特色的现代化产业体系。

【拆】

海：氵、每。

丰：+、干。

【诗】

每看水平东，海城立红宫。

澎湃加劲干，丰歌马思聪。

【注】

平东：辖区内镇名。

海城：辖区内镇名。

红宫：红场红宫，全国第一个县级苏维埃政权诞生地。

澎湃：音同“彭湃”。彭湃，无产阶级革命家、中国共产党早期领导人、杰出的农民领袖。

马思聪：音乐家，小提琴大师。

新山村

陆河

汕尾市陆河县，位于汕尾市东北部，面积986平方千米，户籍人口35.4万人，常住人口24.99万人，下辖8个镇和1个林场，10个社区和117个行政村，2024年地区生产总值148亿元。陆河县通过产业升级、城镇焕新、风貌重塑、改革攻坚、社会共治等举措，实现县域经济发展迸发新活力。

【拆】

陆：阝、了、土、山。

河：氵、可。

【诗】

竖山土了谁，陆蕴螺溪回。

临水可止渴，河田养青梅。

【注】

螺溪：辖区内镇名。

河田：辖区内镇名。

青梅：陆河是中国青梅之乡。

罗洞村

蓬江

江门市蓬江区，位于江门市东北部，面积322.18平方千米，户籍人口54.31万人，常住人口87.04万人，下辖3个街道和3个镇，87个社区和55个行政村，2024年地区生产总值955.25亿元。蓬江区聚焦“千亿强区、百强进位”“活力蓬江、魅力城央”“幸福家园、平安示范”，奋力谱写江门高质量发展的新篇章。

【拆】

蓬：艹、逢。

江：氵、工。

【诗】

草木喜逢春，蓬莱有高人。

邑人工于水，江良溪古风。

【注】

蓬莱：蓬莱山。江门墟原在蓬莱山西山坡上，旧称“墟顶”。

良溪古风：蓬江十景之一。

元宝山体育公园

江海

江门市江海区，位于江门市东南部，面积109.18平方千米，户籍人口19.47万人，常住人口37.95万人，下辖3个街道，27个社区和36个行政村，2024年地区生产总值318.61亿元。江海区扎实推动高质量发展，进一步全面深化改革，扩大高水平对外开放，建设现代化产业体系，奋力打造珠江西岸现代产业枢纽。

【拆】

江：三、工。

海：氵、每。

【诗】

白园三合工，江南雅韵空。

每念茶庵水，海绿丹心红。

【注】

白园、三合：少白故居，江海八景之一。由中国民主革命先驱陈少白自行设计。故居由一桥分隔，一边是“白园”，另一边是一座“三合院”式的居所。

江南雅韵：江南文化广场，江海八景之一。

茶庵：茶庵古寺，又名六祖寺，江海八景之一。

海绿丹心：绿海丹心，江海八景之一。

陈少白故居

新会

江门市新会区，位于江门市东南部，面积1362.06平方千米，户籍人口76.34万人，常住人口91.14万人，下辖10个镇和1个街道、代管江门市银湖湾滨海新区，37个社区和199个行政村，2024年地区生产总值1063.73亿元。新会区建设更高水平的“一园三中心”，进一步全面深化改革，扩大高水平对外开放，建设现代化产业体系。

【拆】

新：亲、斤。

会：人、云。

【诗】

饮冰亲斤然，新雨圭峰茫。

高人云劳大，会约鸟天堂。

【注】

饮冰：饮冰室，梁启超书斋名。

斤然：斤斤然，谨慎貌。

圭峰：辖区内山名。

劳大：新会劳动大学，由周恩来命名。

鸟天堂：小鸟天堂，辖区内著名景点。

小鸟天堂

台山

江门市台山市，位于江门市南部，面积3308.24平方千米，户籍人口95.17万人，常住人口89.37万人，下辖16个镇和1个街道，40个社区和277个行政村，2024年地区生产总值为575.37亿元。台山市积极把握战略发展的机遇期、“大桥经济”的风口期，促进经济持续回升向好、加快推动高质量发展。

【拆】

台：八、一、口。

山：彐。

【诗】

井口一米八，台城现白沙。

子弹飞如雪，山川岛映花。

【注】

井：深井，辖区内镇名。

台城、白沙、川岛：辖区内镇名。

子弹飞：《让子弹飞》等电影以梅家大院为外景拍摄。

彐：曾为雪的简化字。

梅家大院

开平

江门市开平市，位于江门市中部，面积1656.94平方千米，户籍人口67.79万人，常住人口74.30万人，下辖13个镇和2个街道、另设江门翠山湖高新技术产业开发区，42个社区和226个行政村，2024年地区生产总值515.47亿元。开平市着力抓基层、强基础、促发展、利长远，筑牢高质量发展根基。

【拆】

开：十、干。

平：士、八。

【诗】

干劲十头牛，开埠水口洲。

士别八千里，平地起碉楼。

【注】

埠：三埠，辖区内街道名。

水口：辖区内镇名。

碉楼：开平碉楼，2007 年被列入世界遗产名录。

开平碉楼

鹤山

江门市鹤山市，位于江门市东北部，面积1082.7平方千米，户籍人口40.04万人，常住人口54.28万人，下辖9个镇和1个街道，27个社区、112个行政村和10个三峡库区移民村，2024年地区生产总值530.71亿元。鹤山市全力建设“百千万工程”典型县，冲刺全国工业百强县，为实现“十五五”良好开局打牢基础。

【拆】

鹤：农、二、鸟。

山：川、一。

【诗】

二鸟农舍来，鹤顶亭云开。

一川雅瑶现，山藏苏维埃。

【注】

鹤顶亭：鹤邑名胜，位于旧县城内鹤山之巅。

雅瑶：辖区内镇名。

苏维埃：鹤山苏维埃政府旧址在鹤山市雅瑶镇平冈村。

古劳镇

恩平

江门市恩平市，位于江门市西部，面积1693.92平方千米，户籍人口50.36万人，常住人口48.16万人，下辖10个镇和1个街道，175个行政村（社区），2024年地区生产总值251.04亿元。恩平市坚持“扬长补短强基、守正高标发展”工作思路，推动“融湾建设”“五城共建”提速成势。

【拆】

恩：因、心。

平：工、丫。

【诗】

歇马心有因，恩赐举人名。

丫头成工匠，平日见七星。

【注】

歇马：辖区内村名，以出举人闻名。

七星：七星坑，辖区内景区。

恩平市

江城

阳江市江城区，位于阳江市南部，面积434.38平方千米，户籍人口52.67万人，常住人口68.07万人，下辖2个镇和8个街道，53个社区和64个行政村，2024年地区生产总值371.93亿元。江城区以高质量发展为首要任务，以改革攻坚为根本动力，以加快发展新质生产力为突破抓手，推动经济持续稳健运行。

【拆】

江：三、工。

城：土、成。

【诗】

豉工三月香，江边遇刀王。

坪成白沙土，城北石塔昌。

【注】

豉：阳江豆豉，辖区特产，中国地理标志产品。

刀王：“阳江十八子”被誉为“中国第一刀”，创始人李良辉有“中国刀王”之称。

白沙：辖区内街道名。

城北石塔：北山石塔，阳江古八景之一。

海陵岛开渔

阳东

阳江市阳东区，位于阳江市东部，面积1703.02平方千米，户籍人口52.13万人，常住人口48.23万人，下辖11个镇，179个村（社区），2024年地区生产总值387.02亿元。阳东区以“百千万工程”为牵引，以“提升落实年”为契机，推动经济持续回升向好，不断提高人民生活水平，保持社会和谐稳定。

【拆】

阳：阝、口、一。

东：七、小。

【诗】

挂耳呷一口，阳光照大沟。

小诗成七步，东城上报头。

【注】

挂耳：挂耳咖啡。

大沟：辖区内镇名。

东城：辖区内镇名。

报头：辖区内村名。

大沟镇养殖基地

阳春

阳江市阳春市，位于阳江市北部，面积4037.8平方千米，户籍人口122.19万人，常住人口88.26万人，下辖15个镇和2个街道，42个社区和309个行政村，2024年地区生产总值392.51亿元。阳春市锚定“决胜‘123’，争先‘百千万’，实现‘十突破’”目标，推动“百千万工程”走深走实、出新出彩。

【拆】

阳：阝、日。

春：三、人、曰。

【诗】

耳目一日新，阳风永宁亲。

猛人曰三甲，春湾小桂林。

【注】

永宁：辖区内镇名。

三甲：辖区内镇名。

春湾：辖区内镇名。

小桂林：阳春素有“小桂林”之称。

山坪村

阳西

阳江市阳西县，位于阳江市西南部，面积1442.21平方千米，户籍人口56.04万人，常住人口43.73万人，下辖8个镇，17个社区和138个行政村，2024年地区生产总值283.78亿元。阳西县锚定争当全省城乡融合发展排头兵目标，着力做好“提升落实”各项工作。

【拆】

阳：阝、了、日。

西：π、口。

【诗】

知了一日伏，阳台织篢舒。

塘口水澎湃，西上洋大屋。

【注】

织篢：辖区内镇名。

塘口：辖区内镇名。

上洋：辖区内镇名。

π：音“湃”。

海边的育苗车间和鱼塘

赤坎

湛江市赤坎区，位于湛江市东北部，面积62.08平方千米，户籍人口27.58万人，常住人口42.99万人，下辖8个街道，31个社区和16个行政村，2024年地区生产总值380.39亿元。赤坎区锚定抓经济、抓民生、抓环境、抓作风的主攻方向，深入实施“百千万工程”，加快打造“五新赤坎”，全力建设新时代湛江首善之区。

【拆】

赤：一、亦。

坎：土、欠。

【诗】

一寸亦金桥，赤子老街遥。

五行不欠土，坎过沙湾骄。

【注】

寸金桥：辖区内桥名。

老街：赤坎老街，辖区内古迹。

沙湾：辖区内街道名。

湛江文化中心“三馆”

霞山

湛江市霞山区，位于湛江市东南部，面积117平方千米，户籍人口38.17万人，常住人口40.62万人，下辖10个街道，39个社区和33个行政村，2024年地区生产总值463.37亿元。霞山区坚定发展信心，坚持干字当头，迎难而上、奋发有为，以经济社会跨越式、高质量发展谱写实践新篇章。

【拆】

霞：雨、叚。

山：E。

【诗】

天晴叚借雨，霞满观海澜。

西营依水立，山映广州湾。

【注】

叚借：假借。

观海：霞山观海长廊。

西营：霞山区旧称。

E：音“依”。

广州湾：湛江旧称。

观海长廊

麻章

湛江市麻章区，位于湛江市西南部，面积479.09平方千米，户籍人口31.92万人，常住人口33.96万人，下辖3个镇和1个农场，20个社区和87个行政村，2024年地区生产总值220.71亿元。麻章区实施“百千万工程”，农业经济稳步提升，富民兴村产业兴旺，和美乡村底色更亮。

【拆】

麻：广、林。

章：立、早。

【诗】

广阔红树林，麻袋藏金砖。

穷孩志立早，章刻湖光岩。

【注】

红树林：辖区内有红树林保护片区。

湖光岩：湖光岩风景区，是一个以玛珥火山地质地貌为主体的公园。

金牛岛红树林保护片区

坡头

湛江市坡头区，位于湛江市中部，面积564.98平方千米，户籍人口43.52万人，常住人口34.38万人，下辖5个镇和2个街道，13个社区和63个行政村，2024年地区生产总值407.42亿元。坡头区因地制宜抓产业、促振兴，坚持农业农村优先发展，大力发展特色农业，持续提升农村集体“三资”管理水平。

【拆】

坡：土、皮。

头：大、二。

【诗】

土皮变银滩，坡上来宝钢。

二访大军港，头舰正起航。

【注】

银滩：乾塘银滩，辖区内景点。

军港：坡头是海军南海舰队基地所在地之一。

军舰演艺秀

雷州

湛江市雷州市，位于湛江市中南部，总面积3664.4平方千米，户籍人口189.95万人，常住人口133.46万人，下辖18个镇和3个街道，475个村（社区），2024年地区生产总值390.36亿元。雷州市坚持推动新型城镇化和乡村全面振兴有机结合，强化产业带动，狠抓典型示范创建，集中资源力量，更大力度推进“百千万工程”。

【拆】

雷：雨、田。

州：小、卜、1。

【诗】

田头雨调风，雷祖邦塘耕。

小萝卜一炖，州烟火升腾。

【注】

调风：辖区内镇名。

雷祖：唐代雷州首任刺史陈文玉，称为“雷祖”。

邦塘：辖区内村名。

雷祖文化节

廉江

湛江市廉江市，位于湛江市北部，面积2866.83平方千米，户籍人口188.04万人，常住人口137.19万人，下辖18个镇和3个街道，62个社区和340个行政村，2024年地区生产总值579.15亿元。廉江市以特色产业驱动的融合发展模式推动“百千万工程”走深走实。

【拆】

廉：广、兼。

江：汀、一。

【诗】

雅塘广兼齐，廉泉让水低。

鹤地一汀渚，江边安铺鸡。

【注】

雅塘：辖区内镇名。

廉泉让水：成语。

鹤地：鹤地水库。

安铺：辖区内镇名。

鹤地水库

吴川

湛江市吴川市，位于湛江市东北部，面积858.1平方千米，户籍人口124.87万人，常住人口91.68万人，下辖10个镇和5个街道，196个村（社区），2024年地区生产总值314.63亿元。吴川市“百千万工程”加力提速，县域承载力不断提升，统筹推进新型城镇化和乡村全面振兴，加快构建城乡融合发展新格局。

【拆】

吴：口、天。

川：三。

【诗】

通驷口天明，吴阳学宫情。

三杯梅菉液，川流极浦亭。

【注】

吴阳学宫：辖区内历史建筑。

通驷：通驷垂虹，吴川八景之一。

梅菉液：产于吴川的酒，被誉为“广东茅台”。

极浦亭：极浦渔归，吴川八景之一。

吴川候鸟

遂溪

湛江市遂溪县，位于湛江市西北部，面积2131.63平方千米，户籍人口112.27万人，常住人口83.17万人，下辖15个镇和1个街道，350个村（社区），2024年地区生产总值427.19亿元。遂溪县“百千万工程”集成式改革成效显现，在多领域探索实践出具有遂溪特色的改革创新模式。

【拆】

遂：八、逐。

溪：氵、奚。

【诗】

八骏逐港门，遂愿黄学增。

水清磨奚墨，溪流珍珠城。

【注】

港门：辖区内镇名。

黄学增：大革命时期广东四大农运领袖之一。

奚墨：指唐末造墨名家奚鼐、奚超父子所创制的一种优质墨。

珍珠城：乐民城，县级文物保护单位。

千年古村黄略村

徐闻

湛江市徐闻县，位于湛江市西南部，面积1987.9平方千米，户籍人口79.52万人，常住人口64.63万人，下辖12个镇、2个乡、1个街道和1个开发区，30个社区和175个行政村，2024年地区生产总值263.14亿元。徐闻县加力提速实施“百千万工程”，乡村发展活力全面焕发，曲界供销合作社获人社部、中华全国供销合作总社联合表彰。

【拆】

徐：一、人、余。

闻：门、耳。

【诗】

余晖一人晚，徐行陆至南。

耳悦门角尾，闻浪十字间。

【注】

陆至南：徐闻是中国大陆最南端。

角尾、浪十字：徐闻角尾的分水岭是中国大陆最南端的终点，也是北部湾和南海的交汇之处，两片海域的海水在此互相激荡，形成独特的“十字浪”。

角尾乡

茂南

茂名市茂南区，位于茂名市南部，面积587.78平方千米，户籍人口109.87万人，常住人口106.27万人，下辖9个镇和8个街道，86个社区和153个行政村，2024年地区生产总值1157.1亿元。茂南区立足本地资源优势，大力推动产业多元发展，聚焦强镇与兴村多向发力，打造宜居宜业宜游美丽圩镇，深入实施“百千万工程”。

【拆】

茂：卄、厂、乂。

南：幸、二。

【诗】

乂深如草厂，茂苑现金塘。

河东西二幸，南吻袂花江。

【注】

金塘：辖区内镇名。

河东：辖区内街道名。

河西：辖区内街道名。

袂花江：辖区内河流名。

王岭村河坝

电白

茂名市电白区，位于茂名市东南部，面积2138.81平方千米，户籍人口199.79万人，常住人口151.96万人，下辖19个镇和5个街道，290个行政村，2024年地区生产总值875.28亿元。电白区加力提速推进“百千万工程”，4个典型镇、35个典型村实现强镇强村公司全覆盖，村内道路硬底化达3931千米，完成农房风貌提升4000多栋。

【拆】

电：口、七。

白：丿、日。

【诗】

七迳村口弯，电城水东还。

春日多看点，白浪逐一滩。

【注】

七迳：辖区内镇名。

电城：辖区内镇名。

水东：辖区内街道名。

一滩：茂名滨海公园，又名中国第一滩。

中国第一滩

信宜

茂名市信宜市，位于茂名市北部，面积3101.7平方千米，户籍人口151.03万人，常住人口103.33万人，下辖18个镇和2个街道，402个村（社区），2024年地区生产总值578.42亿元。信宜市持续推动建筑业企业投身“百千万工程”，激励社会资本参与典型镇村建设，以点的突破带动引领打造各具特色的镇村发展格局。

【拆】

信：亻、言。

宜：宀、且。

【诗】

人言池洞边，信步窦州江。

家和且子贵，宜居长寿乡。

【注】

池洞：辖区内镇名。

窦州：信宜旧称。

子贵：贵子，辖区内镇名。

丁堡镇山背村

高州

茂名市高州市，位于茂名市中部，面积3276平方千米，户籍人口186.17万人，常住人口133.64万人，下辖23个镇和5个街道，48个社区和438个行政村，2024年地区生产总值809.78亿元。高州市按照“大景区”的思路，推动根子、分界、泗水三镇联动发展，分界镇获国家农业产业强镇，根子镇获广东省文化和旅游特色镇。

【拆】

高：吕、方。

州：川、氵。

【诗】

钟吕响四方，高凉刻三章。

长坡藏川水，州耀红荔光。

【注】

三章：江泽民同志2000年在广东省考察工作时首次对“三个代表”重要思想进行了比较全面的阐述。高州是其考察广东的第一站。

长坡：辖区内镇名。

荔枝种植园

化州

茂名市化州市，位于茂名市西部，面积2354.2平方千米，户籍人口180.63万人，常住人口131.50万人，下辖17个镇和6个街道，368个村（社区），2024年地区生产总值651.42亿元。化州市加强“百千万工程”典型镇村培育，打造典型村11条，培育典型村23条。

【拆】

化：亻、七。

州：忄、忄、1。

【诗】

初七人日中，化石为飞龙。

心心在一道，州城满橘红。

【注】

化石为飞龙：化州古称石龙。

橘红：化州橘红，辖区特产。

化州橘红种植基地

端州

肇庆市端州区，位于肇庆市西部，面积154平方千米，户籍人口46.24万人，常住人口61.68万人，下辖4个街道，60个行政村，2024年地区生产总值490.05亿元。端州区坚持美风貌、育业态，“百千万工程”加力提速，典型培育可感可知，城市品质不断提高，各方力量广泛参与，绿美端州成色更足。

【拆】

端：立、山、而。

州：川、八、丶。

【诗】

学而可立山，端砚非一般。

八洞川点聚，州矗七星岩。

【注】

学而：《论语》第一篇的篇名。

端砚：中国四大名砚之一，中国国家地理标志产品。

八洞：七星岩景区由五湖、六岗、七岩、八洞组成。

七星岩：因七座石灰岩峰排列状如天上北斗七星而得名，有“岭南第一奇观”的美誉。

七星岩

鼎湖

肇庆市鼎湖区，位于肇庆市中南部，面积552平方千米，户籍人口17.9万人，常住人口21.72万人，下辖4个镇和3个街道，30个社区和53个行政村，2024年地区生产总值171.43亿元。鼎湖区加力提速“百千万工程”，构建城乡融合发展新格局，经营性收入超50万元的强村有33个，占全区总数的45.2%。

【拆】

鼎：目、爿、方。

湖：沽、月。

【诗】

极目方爿中，鼎立见奇功。

月下沽酒去，湖中九条龙。

【注】

爿（pán）：古代作围墙用的木柴，引申为疆域、边界之意。

湖中九条龙：九龙湖，由九条山溪水汇合而成。

鼎湖山上的鼎湖

高要

肇庆市高要区，位于肇庆市东南部，面积2185.62平方千米，户籍人口80.73万人，常住人口73.88万人，下辖16个镇和1个街道，79个社区和279个行政村，2024年地区生产总值558.85亿元。高要区聚焦强镇兴村抓典型，“百千万工程”出新出彩，集中资源培育提升典型镇村，典型村中再造精品村，全面推进城乡融合发展。

【拆】

高：丶、一、局

要：西、女。

【诗】

棋局一点通，高塔立巽峰。

女爱西米露，要约到回龙。

【注】

巽峰：巽峰塔，又名乌榕塔。

回龙：辖区内镇名。

高要学官

四会

肇庆市四会市，位于肇庆市东部，面积1262.97平方千米，户籍人口49.92万人，常住人口65.35万人，下辖10个镇和4个街道，113个社区和42个行政村，2024年地区生产总值818.4亿元。四会市以头号力度推进“百千万工程”，城乡融合发展更加协调。

【拆】

四：口、儿。

会：人、云。

【诗】

迳口儿歌扬，四水正归堂。

人云柑橘靓，会客过马房。

【注】

迳口：辖区内镇名。

四水：西江、北江、绥江和龙江。

柑橘：四会是中国柑橘之乡。

马房：辖区内地名。

迳口镇上观村

广宁

肇庆市广宁县，位于肇庆市中西部，面积2455平方千米，户籍人口56.85万人，常住人口38.81万人，下辖14个镇和1个街道，178个村（社区），2024年地区生产总值201.21亿元。广宁县争当践行“绿水青山就是金山银山”理念示范区，为肇庆打造粤港澳大湾区面向大西南的门户枢纽作出新担当新贡献。

【拆】

广：厂、丶。

宁：宀、丁。

【诗】

大厂多点头，广货竹乡留。

农家人丁旺，宁静古水秋。

【注】

竹乡：广宁县是中国竹子之乡。

古水：辖区内镇名。

古水河

德庆

肇庆市德庆县，位于肇庆市西南部，面积2002.8平方千米，户籍人口41.06万人，常住人口33.15万人，下辖12个镇和1个街道，18个社区和175个行政村，2024年地区生产总值153.67亿元。德庆县抢抓“双区”和横琴、前海两个合作区建设重大机遇，坚持产业强县、制造业优先，全力争当县域经济发展新标兵、城乡融合发展示范县。

【拆】

德：彳、十、四、一、心。

庆：广、大。

【诗】

心彳四十一，德感龙母知。

三元传大广，庆盛缘端溪。

【注】

彳（chì）：慢步行走。

龙母：龙母祖庙。

三元：三元塔，因州人祈求科举考试连中三元而得名。

端溪：德庆旧称。

龙母祖庙

封开

肇庆市封开县，位于肇庆市西北部，面积2723.93平方千米，户籍人口51.78万人，常住人口37.30万人，下辖15个镇和1个街道，21个社区和178个行政村，2024年地区生产总值185.42亿元。封开县加快建设“岭南古都　省际画廊　两广明珠”，打造全省山区高质量发展示范县。

【拆】

封：圭、寸。

开：千、丨。

【诗】

圭臬定寸厘，封神大斑石。

千层峰竖立，开卷在杨池。

【注】

圭臬：比喻准则或法度。

大斑石：辖区内河畔上的一石成山的大斑石，号称“天下第一石”。

千层峰：辖区内山峰。

杨池：杨池古村，号称“岭南第一村”。

天下第一石

怀集

肇庆市怀集县，位于肇庆市北部，面积3554.07平方千米，户籍人口40.54万人，常住人口33.15万人，下辖16个镇、2个街道和1个民族乡，25个社区和301个行政村，2024年地区生产总值168.3亿元。怀集县奋力开创高质量发展的崭新局面，高水平打造粤港澳大湾区肇庆（怀集）绿色农副产品集散基地和建强肇庆市域副中心。

【拆】

怀：忄、不。

集：隹、木。

【诗】

不言心亦通，怀城文阁东。

崀隹稠顶木，集洽水蓝钟。

【注】

怀城文阁：又名文昌阁、文昌书院。

崀隹：高峻貌，形容山势高峻的样子。

稠顶：大稠顶，肇庆市第一高峰。

洽水：辖区内镇名。

蓝钟：辖区内镇名。

三岳省级自然保护区

清城

清远市清城区，位于清远市南部，面积129631.43平方千米，户籍人口81.49万人，常住人口112.94万人，下辖4个镇和4个街道，161个村（社区），2024年地区生产总值为821.76亿元。清城区打造广清一体化发展的核心区域，生态文明建设示范区和城乡融合发展试验区，科技创新城、临空经济区和现代服务业集聚区。

【拆】

清：氵、青。

城：土、成。

【诗】

山青水牙牙，清风伴飞霞。

土成伦洲岛，城南银盏花。

【注】

飞霞：飞霞山。

伦洲岛：辖区内岛屿。

银盏：辖区内地名。

北江南岸公园

清新

清远市清新区，位于清远市西南部，面积1296.31平方千米，户籍人口83.88万人，常住人口112.99万人，下辖8个镇，170个行政村（社区），2024年地区生产总值344.3亿元。清新区坚定生态清新、活力清新、品质清新、幸福清新“四个清新”建设路径不动摇，全力以赴完成经济社会发展各项任务。

【拆】

清：氵、青。

新：亲、斤。

【诗】

水隐青云间，清泉出石潭。

亲情论斤计，新貌笔架山。

【注】

石潭：辖区内地名。

笔架山：辖区内山名。

三禾村民宿

英德

清远市英德市，位于清远市东部，面积5634平方千米，户籍人口120.9万人，常住人口94.46万人，下辖23个镇和1个街道，44个社区和256个行政村，2024年地区生产总值438.2亿元。英德市锚定“加快迈入全国百强县”“争创广东省农业第一大县”“打造省级研学标杆城市”三大目标，在县域高质量发展中争当示范。

【拆】

英：艹、央。

德：伈、十、四、一、丿。

【诗】

草铺水中央，英西峰林宽。

四十伈一撇，德厚通天岩。

【注】

英西峰林：英西峰林走廊。

伈（xǐn）：形容恐惧。

通天岩：英德通天岩，一大型石灰岩溶洞。

英西峰林

连州

清远市连州市，位于清远市北部，面积2668.52平方千米，户籍人口54.09万人，常住人口37.78万人，下辖10个镇和2个瑶族乡，11个社区和163个行政村，2024年地区生产总值186.15亿元。连州市推动高质量发展呈现新气象、干出新作为，全力以赴打造粤湘桂区域性中心城市。

【拆】

连：车、之。

州：川、八、丶。

【诗】

车前之马牛，连绵过山丘。

湟川八景点，州官曾姓刘。

【注】

湟川：珠江水系北江的源头。

州官曾姓刘：唐代诗人刘禹锡曾任连州刺史四年半。

湟川三峡

佛冈

清远市佛冈县，位于清远市东南部，面积约1295平方千米，户籍人口35.83万人，常住人口31.6万人，下辖6个镇，91个村（社区），2024年地区生产总值188.77亿元。佛冈县以建强平台、产业集群、承接转移为着力点，加快现代化产业体系建设，县域经济实力稳步提升。

【拆】

佛：亻、弗。

冈：区、1。

【诗】

无远弗届境，佛枕潖江星。

区外一烟岭，冈筑三爰亭。

【注】

无远弗届：出自《尚书·大禹谟》“惟德动天，无远弗届”，意为不管多远之处，没有达不到的。

潖江：北江的一级支流，发源于佛冈。

烟岭：辖区内地名。

三爰亭：辖区内建筑，以《诗经》“爰居爰处，爰丧其马”句演化命名。

上岳古村

连山

清远市连山壮族瑶族自治县，位于清远市西北部，面积1265平方千米，户籍人口12.51万人，下辖7个镇，4个社区和48个行政村，2024年地区生产总值56.52亿元。连山壮族瑶族自治县坚持加快推动“农文旅体康”融合高质量发展，建设幸福美丽连山。

【拆】

连：七、十、之。

山：三、一。

【诗】

七十人之闲，连上大旭山。

三步一回首，山雾梯田间。

【注】

大旭山：大旭山瀑布群景区，有“广东九寨沟”和“岭南西双版纳”的美誉。

山雾梯田：雾山梯田，连山新八景之一，广东省规模最大的原生态梯田。

连山“七月香”壮家戏水节

连南

清远市连南瑶族自治县，位于清远市西北部，面积1306平方千米，户籍人口17.55万人，常住人口13.5万人，下辖7个镇，71个村（社区），2024年地区生产总值72.07亿元。作为全国乃至全世界唯一的排瑶聚居地，连南瑶族自治县奋力推动进一步全面深化改革落地见效，全面提升发展活力和竞争力，跑出了高质量发展新气象。

【拆】

连：一、牛、之。

南：幸、丨、丁。

【诗】

牛一之排场，连日耍歌堂。

畦丁幸苗竖，南岗瑶寨忙。

【注】

牛一：指过生日，“牛”加“一”等于“生”。

耍歌堂：瑶族耍歌堂，国家级非物质文化遗产。

畦丁：园丁，畦夫。

南岗瑶寨：南岗千年瑶寨，被评为中国历史文化名村、中国十大最美村镇。

连南千年瑶寨

阳山

清远市阳山县，位于清远市中部，面积3330平方千米，户籍人口57.85万人，常住人口36.72万人，下辖12个镇和1个民族乡，8个社区和159个行政村，2024年地区生产总值145.23亿元。阳山县全力确保“百千万工程”调度高效、各项任务落实有力，推动全县高质量发展取得新成效。

【拆】

阳：阝、日。

山：川、一。

【诗】

耳悦日月中，阳耀玉龙宫。

一川青莲水，山因贤令红。

【注】

玉龙宫：辖区内一个石灰溶洞。

青莲水：连江最大的支流。

贤令：贤令山，又名“牧民山”，因韩愈被贬谪阳山当县令而得名。

韩愈墨迹“鸢飞鱼跃”石刻

湘桥

潮州市湘桥区，位于潮州市中南部，面积325.33平方千米，户籍人口51.81万人，常住人口57.84万人，下辖5个街道和4个镇，47个社区和120个行政村，2024年地区生产总值324.8亿元。湘桥区聚焦实体经济发展、科技自强、城乡协调等重点领域，为加快高质量发展夯实基础、积蓄动能、厚植优势，推动综合实力实现新跃升。

【拆】

湘：氵、相。

桥：木、乔。

【诗】

韩水相磷溪，湘子金山依。

祠前橡乔木，桥浮广济堤。

【注】

磷溪：辖区内镇名。

金山：辖区内街道名。

祠前橡乔木：韩祠橡木，潮州八景之一。

广济：广济桥。

青龙庙会

潮安

潮州市潮安区，位于潮州市西部，总面积1088.5平方千米，户籍人口117.83万人，下辖16个镇和1个林场，33个社区和418个行政村，2024年地区生产总值694.73亿元。潮安区紧扣“一强两争”定位目标，争当全市制造业当家生力军、争创全省县域经济发展示范区，为县域经济高质量发展挺起“硬脊梁”。

【拆】

潮：氵、朝。

安：宀、女。

【诗】

朝看水浮洋，潮归湖登塘。

家女伫古巷，安埠凤求凰。

【注】

浮洋：辖区内镇名。

归湖：辖区内镇名。

登塘：辖区内镇名。

古巷：辖区内镇名。

安埠：音“庵埠”，辖区内镇名。

凤求凰：凤凰，辖区内镇名。

江东镇下湖村水稻成熟

饶平

潮州市饶平县，位于潮州市东部，面积约2227平方千米，户籍人口103.32万人，常住人口77.30万人，下辖21个镇，40个社区和356个行政村，2024年地区生产总值377.94亿元。饶平县紧抓入选广东省首批以县城为重要载体的新型城镇化试点契机，以人为核心深入推进新型城镇化建设，县城面貌焕然一新。

【拆】

饶：饣、尧。

平：干、八。

【诗】

尧雨衣食安，饶沃高堂欢。

八角出干部，平眺柘林湾。

【注】

高堂：辖区内镇名。

柘林：辖区内镇名。

八角：八角楼，有“八角九进士”之美誉。

道韵楼

榕城

揭阳市榕城区，位于揭阳市东部，面积347平方千米，户籍人口102万人，常住人口110万人，下辖3个镇和14个街道，205个村（社区），2024年地区生产总值558.9亿元。榕城区干字当头，加快打造粤东高质量发展新增长极，各项事业不断取得新成效。

【拆】

榕：木、容。

城：土、成。

【诗】

黄岐木晚容，榕江西湖红。

仙桥土成景，城央有学宫。

【注】

黄岐晚翠：揭阳八景之一。

榕江西湖：榕江西湖公园。

仙桥：辖区内镇名。

学宫：揭阳学宫。

揭阳学宫

揭东

揭阳市揭东区，位于揭阳市东北部，面积709.63平方千米，户籍人口112万人，常住人口93.98万人，下辖11个镇、2个街道和2个经济园区，202个村（社区），2024年地区生产总值381.85亿元。揭东区围绕“打造环境可载的现代产业区、宜居宜业的新型城镇、崇文尚信的和谐家园”奋斗目标，推动全域高质量发展。

【拆】

揭：才、易、二。

东：七、小。

【诗】

二才易盖碗，揭榜靠华章。

七点日不小，东照崇德堂。

【注】

二才盖碗：一种简化的茶具，由碗和盖两部分组成，没有底座。

崇德堂：黄旭华故居。黄旭华，中国工程院院士，“共和国勋章”获得者，国家最高科学技术奖获得者。

军埔村

普宁

揭阳市普宁市，位于揭阳市中部，面积1620.02平方千米，户籍人口251.56万人，常住人口203.43万人，下辖18个镇、7个街道、1个乡和3个国有农场，54个社区和523个行政村，2024年地区生产总值670.20亿元。普宁市纵深推进“百千万工程”，大抓产业、大抓招商、大抓项目，着力提升“两支柱两赋能一丰富”产业体系。

【拆】

普：並、日。

宁：宀、丁。

【诗】

嵌瓷并日常，普天见洪阳。

家中人丁盛，宁远流沙忙。

【注】

嵌瓷：普宁嵌瓷，国家级非物质文化遗产。

洪阳：辖区内镇名。

流沙：辖区内镇名。

广东十大最美古村落泥沟村

揭西

揭阳市揭西县，位于揭阳市西北部，面积1347平方千米，户籍人口96.74万人，常住人口67.46万人，下辖15个镇、1个街道和1个乡，38个社区和280个行政村，2024年地区生产总值265.33亿元。揭西县在推进“百千万工程”上持续发力，加快推进“工业富县、农业兴县、文旅活县”。

【拆】

揭：才、曷。

西：一、口、儿。

【诗】

曷当才子牛，揭谛河婆求。

擂茶儿一口，西见郭氏楼。

【注】

曷：意为“何”。

河婆：辖区内地名。

擂茶：河婆擂茶，具有客家特色的传统食品。

郭氏楼：郭氏大楼，辖区内古建筑。

揭博高速

惠来

揭阳市惠来县，位于揭阳市南部，土地面积1253平方千米。户籍人口149.58万人，常住人口106.02万人，下辖15个镇和3个农林场，41个村（社区），2024年全县生产总值584.86亿元。惠来县深入实施“百千万工程”，以绿色石化与蓝色经济为双翼，加快打造粤东高质量发展新增长极。

【拆】

惠：二、虫、心。

来：一、米。

【诗】

二钱虫草心，惠风葵阳临。

隆江米一碗，来份猪脚筋。

【注】

葵阳：惠来旧称。

隆江猪脚：隆江猪脚饭是广东著名美食，源自辖区内隆江镇。

海上风电

云城

云浮市云城区，位于云浮市东北部，面积778.11平方千米，户籍人口35.25万人，常住人口41.32万人，下辖4个镇和4个街道，24个社区和122个行政村，2024年地区生产总值301.51亿元。云城区加快承接产业有序转移主平台建设，做大做强三大千亿产业集群，持续壮大电子信息、食品加工等产业，构建特色现代化产业体系。

【拆】

云：六、一。

城：土、成。

【诗】

六一乐孩童，云石出蟠龙。

沙土成河口，城腰古水东。

【注】

云石：云浮特产之一，广东四大名石之一。

蟠龙：蟠龙洞。

河口：辖区内镇名。

腰古：辖区内镇名。

水东：水东村古民居建筑群，堪称“岭南理学第一村”。

蟠龙天湖

云安

云浮市云安区，位于云浮市中部，面积1188.5平方千米，户籍人口34.65万人，常住人口23.77万人，下辖7个镇，9个社区和105个行政村，2024年地区生产总值148.28亿元。云安区坚持以加快培育和发展新质生产力为牵引，奋力发起消费场景培育、项目建设增效、云安制造提档等“六大攻坚”。

【拆】

云：六、一。

安：宀、女。

【诗】

一念居六都，云卷且云舒。

孔书家塾女，安心齐素读。

【注】

六都：辖区内镇名。

孔书家塾：辖区内建筑。

素读：强调以记忆学习为中心，反复朗读。

广东药科大学云浮校区

罗定

云浮市罗定市，位于云浮市西南部，面积2334.7平方千米，户籍人口128.97万人，常住人口94.2万人，下辖17个镇和4个街道，30个社区和306个行政村，2024年地区生产总值352.32亿元。罗定市聚力推动电子信息、日用轻工、贵金属、生物医药、现代农业、新型建材六大产业集群式发展，持续释放高质量发展动能。

【拆】

罗：四、夕。

定：宀、下、人。

【诗】

夕照四孔桥，罗舞禾谷醮。

山下人家至，定唱泷水谣。

【注】

夕照四孔桥：东桥塔照，罗定八景之一。

罗舞：回旋舞蹈。

禾谷醮：辖区内传统的“做醮”祭祀谷神的活动。

泷水谣：泷水童谣，县级非物质文化遗产。

金银湖国家湿地公园

新兴

云浮市新兴县，位于云浮市东南部，面积1521.69平方千米，户籍人口49.07万人，常住人口43.10万人，下辖12个镇，38个社区和161个行政村，2024年地区生产总值347.17亿元。新兴县围绕建设具有新兴特色的现代化产业体系，加快培育“六大百亿产业集群”，全力打造农业强县、工贸大县、文旅名县。

【拆】

新：立、析。

兴：六、⺦。

【诗】

而立多析耕，新岁盼东成。

六祖八方语，兴旺国恩逢。

【注】

析耕：分开田产，各自耕作，谓分家。

东成：辖区内镇名。

六祖：惠能，唐代高僧，禅宗南宗创始人，佛教史上称为禅宗六祖。

国恩：国恩寺，又名龙山寺，由六祖惠能创建。

国恩寺

郁南

云浮市郁南县，位于云浮市西北部，面积1962.16平方千米，户籍人口52.51万人，常住人口37.31万人，下辖15个镇，23个社区和177个行政村，2024年地区生产总值159.9亿元。郁南县全力推进项目攻坚、产业攻坚、绿美攻坚、改革攻坚、民生保障攻坚，大力构建现代化农业产业体系，统筹推进高质量发展和高水平安全。

【拆】

郁：有、阝。

南：幸、I、J。

【诗】

耳闻有连滩，郁郁兰寨酣。

机缘爱且幸，南江磨刀山。

【注】

连滩：辖区内镇名。

兰寨：兰寨村。

I：音“爱”。

J：音“机”。

磨刀山：磨刀山遗址，为旧石器时代早期遗址，距今50万—70万年。

大王山国家森林公园

第二辑

镇镇有词

钟落潭

广州市白云区钟落潭镇，位于白云区东北部，是广东省“百千万工程”首批典型镇，面积230.47平方千米，户籍人口约15.7万人，常住人口约21.8万人，下辖37个行政村和5个社区，367个经济社。钟落潭镇获全国文明镇、全国城乡规划建设试点镇、全国城乡绿化百佳镇、广东省卫生镇、广东省教育强镇等荣誉称号。

【拆】	【诗】
钟：钅、口、一。	钟声一口金，落草各水临。
落：艹、水、各。	西汁黄皮日，潭边候佳音。
潭：汁、西、日。	

【注】

黄皮：辖区内龙岗村是广州盛名的黄皮产地。

黄皮采摘

新龙

广州市黄埔区新龙镇，位于黄埔区东部，是广东省“百千万工程”首批典型镇，面积75.87平方千米，常住人口约4.2万人，辖11个行政村和1个社区，是广东省乡村治理示范镇。新龙镇深入实施“生态兴镇、产业强镇”发展战略，坚定不移大抓城中村改造、大抓招商引资，建设宜居宜业宜游美丽新龙。

【拆】

新：亲、斤。

龙：义、七。

【诗】

亲带三斤盐，新岁到洋田。

七侠兼五义，龙腾油麻山。

【注】

洋田：辖区内村名。

七侠五义：近代学者俞樾根据古典武侠小说《三侠五义》改编为《七侠五义》。

油麻山：辖区内山，广州第二高峰。

油麻山“天坑”

赤坭

广州市花都区赤坭镇，位于花都区西北部，是广东省“百千万工程”首批典型镇，面积160.3平方千米，常住人口58994人，下辖30个行政村和2个社区，是广东先进的现代农业示范镇、岭南盆景之乡。赤坭镇锚定“美丽中国示范镇、绿色低碳先行镇”总目标，绘就“全省乡村振兴示范镇”发展新图景。

【拆】

赤：一、亦。

坭：土、尼。

【诗】

竹洞亦一家，赤花漾年华。

尼龙袋运土，坭映巴江霞。

【注】

竹洞：辖区内村名，广东十大美丽乡村之一。

花漾年华：广东十大乡村振兴示范带之一。

巴江：辖区内河流。

竹洞村

石楼

广州市番禺区石楼镇，位于番禺区东部，是广东省“百千万工程”首批典型镇，面积126.5平方千米，户籍人口约14.1万人，常住人口24.18万人，下辖22个行政村和4个社区。石楼镇获国家卫生镇、广东省中心镇、广东省教育强镇、中国龙舟文化之乡等荣誉称号。

【拆】

石：人、口。

楼：十、八、米、女。

【诗】

人口聚沙南，石矗莲花山。

十八女如米，楼居大岭巅。

【注】

沙南：辖区内村名。

莲花山：辖区内山名。

大岭：辖区内村名，广州市首个全国历史文化名村。

大岭村龙船景

东涌

广州市南沙区东涌镇，位于南沙区东北部，是广东省“百千万工程”首批典型镇，面积94.03平方千米，户籍人口约9.1万人，非户籍人口约12.5万人，下辖22个行政村和2个社区。东涌镇获国家卫生镇、全国重点镇、全国宜居小镇、全国发展改革试点城镇、广东省文明村镇、广东省教育强镇、广东省乡村振兴示范镇等荣誉称号。

【拆】

东：七、小。

涌：氵、甬。

【诗】

小雨七八秋，东望蝴蝶楼。

水甬乘庆盛，涌淌鱼窝头。

【注】

蝴蝶楼：辖区内建筑，市级文物保护单位。

水甬：古代守城备用的漏水器。

庆盛：辖区内村名。

鱼窝头：辖区内村名。

东涌镇

太平

广州市从化区太平镇，位于从化区南部，广东省“百千万工程”首批典型镇，面积210平方千米，户籍人口约10.53万人，非户籍人口约3.2万人，下辖33个行政村和4个社区。太平镇是国家级小城镇综合改革试点镇，全力创建广州市北部知识城辐射带动区和从化区南部科技创新发展区。

【拆】

太：大、丶。

平：八、土。

【诗】

大众点评之，太古钱岗祠。

八号仓破土，平添木棉诗。

【注】

钱岗祠：广裕祠，辖区内祠堂，2003年获联合国教科文组织亚太地区文化遗产保护杰出项目奖第一名。

八号仓：8号仓流溪河奥莱小镇，辖区内购物中心。

木棉：辖区内村名。

天人山水·大地艺术园

新塘

广州市增城区新塘镇，位于增城区西南部，是广东省“百千万工程”首批典型镇，面积85.09平方千米，户籍人口约20.5万人，常住人口约56万人，下辖33个行政村和20个社区。新塘镇获中国绿色名镇、中国十佳和谐小城镇、全国民营企业发展环境最佳乡镇、中国最具发展潜力名镇、广东省牛仔纺织服装技术创新专业镇等荣誉称号。

【拆】

新：立、析。

塘：土、唐。

【诗】

立石巷析别，新水碉楼接。

本土唐牛仔，塘翠南樵叠。

【注】

石巷：辖区内一座海蚀岩洞，称石巷，增城八景“古海遗踪”的组成部分。

析别：离别。

水碉楼：宁远楼，广东省唯一水上碉楼，市级文物保护单位。

牛仔：新塘是中国牛仔服装名镇。

南樵：辖区内南香山，又名南樵山，是“南粤三樵”之一。

宁远楼

桂山

珠海市香洲区桂山镇，距离珠海香洲区17海里，是广东省“百千万工程”首批典型镇，全镇由22个岛屿及周边800平方千米海域组成，户籍人口1292人，常住人口约2600人，下辖2个行政村。桂山镇大力建设省级休闲农业与乡村旅游示范镇，桂山岛成功创建国家AAAA级旅游景区，获评全国“和美海岛”。

【拆】

桂：杜、土。

山：三、一。

【诗】

杜酝土方制，桂花飘香池。

三面一要塞，山岛解放时。

【注】

杜酝：家酿的酒。

要塞：桂山岛有“万山要塞”之称，珠江口国际锚地设在其间。

山岛解放：桂山岛原名垃圾尾岛，1954年为纪念乘“桂山号”舰参加解放万山群岛战役而牺牲的解放军烈士改名。

“澎湖号”海上牧场

红旗

珠海市金湾区红旗镇，位于金湾区东部，是广东省“百千万工程”首批典型镇，总面积123平方千米，常住人口11.02万人，下辖9个社区、5个行政村。红旗镇获国家生态文明建设示范镇、国家卫生镇、广东省森林城镇等荣誉称号。

【拆】

红：纟、工。

旗：方、人、其。

【诗】

毫丝见精工，红专糖厂通。

八方其人聚，旗飘三板中。

【注】

红专：又红又专。

糖厂：红旗糖厂，曾是珠海“五大糖厂”之一。

三板：辖区内村名。

三板水乡的河道

平沙

珠海市金湾区平沙镇，位于金湾区西部，是广东省“百千万工程”首批典型镇，面积152.82平方千米，户籍人口超7万人，常住人口约9.78万人，下辖11个社区。平沙镇获全国重点镇、国家卫生镇、国家特色景观旅游名镇、国家生态镇、广东省（游艇）技术创新专业镇、广东省文化和旅游特色镇等荣誉称号。

【拆】

平：八、干。

沙：氵、少。

【诗】

干劲八面合，平塘甜蜜歌。

年少常临水，沙美遇高科。

【注】

平塘：辖区内社区名。

甜蜜歌：1979年电影《甜蜜的事业》在平塘河取景，其主题曲是《我们的生活比蜜甜》。

沙美：辖区内社区名。

海泉湾

斗门

珠海市斗门区斗门镇，位于斗门区西北部，是广东省“百千万工程”首批典型镇，面积105.35平方千米，户籍人口约4.8万人，常住人口5.93万人，下辖10个行政村和1个社区。斗门镇获中国历史文化名镇、全国重点镇、全国特色小镇、广东省旅游特色镇、广东省历史文化名镇、广东省卫生镇等荣誉称号。

【拆】

斗：一、介。

门：小、丁。

【诗】

一介书生忙，斗迹菉猗堂。

黄杨山丁小，门映旧街光。

【注】

菉猗堂：斗门赵氏祖祠，所在古祠堂建筑群为省级文物保护单位。

黄杨山：辖区内山名，有“珠江门户第一峰”之称。

旧街：斗门古街。

菉猗堂

隆都

汕头市澄海区隆都镇，位于澄海区西北部，是广东省“百千万工程”首批典型镇，面积33.84平方千米，户籍人口近8万人，下辖15个村（社区）。隆都镇围绕“发展现代农业、发展特色旅游、发展集镇商贸”三大主攻方向，加快推动农文旅商融合发展，着力打造“红侨”特色乡村振兴示范样板，全力推动城乡融合发展。

【拆】

隆：阝、文、一、生。

都：者、丨、了。

【诗】

耳濡一生文，隆昌前美仁。

观者竖了指，都藏侨宅陈。

【注】

前美：辖区内村名，中国历史文化名村。

侨宅陈：陈慈黉故居，有“岭南第一侨宅”美誉。

陈慈黉故居

海门

汕头市潮阳区海门镇，位于潮阳区东南端，是广东省“百千万工程”首批典型镇，面积31.53平方千米，户籍人口约13.85万人，下辖16个村（社区）和4个渔业联社。海门镇围绕“产业强镇、临港重镇、文旅名镇”的发展目标，充分发挥临港资源优势，聚焦镇域经济、城镇建设、乡村振兴，奋力打造城乡协调发展的海门样板。

【拆】

海：氵、每。

门：小、丁。

【诗】

每每闻水声，海色出莲峰。

沙丁莫嫌小，门外有真功。

【注】

海色出莲峰：莲峰海色，因三面环海、一面依山、有奇石俨若莲花之状而得名，现以“莲峰浩气”列汕头八景之一。

海门渔港

两英

汕头市潮南区两英镇，位于潮南区中部，是广东省“百千万工程”首批典型镇，面积85.21平方千米，户籍人口约22.46万人，下辖17个行政村和13个社区。两英镇获中国针织名镇、广东省中心镇、广东省城乡融合发展中心镇省级试点镇等荣誉称号。

【拆】

两：丙、人。

英：艹、央。

【诗】

甲乙丙路人，两圩古溪神。

池央草丰茂，英气针织痕。

【注】

两圩：两英为新旧两圩集的合称，名两鹰圩，又“鹰”与“英”同音，后俗成今名。

古溪：古溪岩，辖区内地名，有灵显寺。

针织：两英是中国针织名镇。

陈四合侨批局

云澳

汕头市南澳县云澳镇，位于南澳县东南部，是广东省“百千万工程”首批典型镇，面积20.46平方千米，常住人口9760人，辖8个行政村和1个社区。云澳镇获评全国文明镇、广东省文化和旅游特色镇、广东省美丽圩镇示范镇、广东省乡村治理示范镇等荣誉称号。

【拆】

云：六、一。

澳：氵、奥。

【诗】

六一去爬山，云笼烟墩湾。

茬园水奥妙，澳清宋井涵。

【注】

烟墩湾：辖区内海湾。

茬园：辖区内村名。

宋井：南澳宋井，位于海边的一口宋代开掘的淡水井。

渔船归港

南庄

佛山市禅城区南庄镇，位于禅城区西部，广东省“百千万工程”首批典型镇，面积76.03平方千米，户籍人口约12.75万人，非户籍人口约13.02万人，下辖18个行政村和6个社区。南庄镇获全国乡村治理示范乡镇等荣誉称号，涌现出全国先进基层党组织、全国乡村治理示范村等先进村居。

【拆】

南：+、冂、¥。

庄：广、土。

【诗】

冂上元自加，南陌紫萝花。

陶土涵广美，庄园绿岛霞。

【注】

冂：远远的郊野。

上元：辖区内村名。

广美：广州美术学院佛山校区。

绿岛：绿岛湖。

绿岛湖开发区

里水

佛山市南海区里水镇，位于南海区东北部，是广东省“百千万工程”首批典型镇，面积148.36平方千米，常住人口超50万人，下辖16个行政村和24个社区。里水镇获国际安全社区、中国香水百合名镇、全国文明镇等荣誉称号。

【拆】

里：田、土。

水：丷、小。

【诗】

田土出甘蔗，里外聚贤僚。

小布八千丈，水乡梦流潮。

【注】

甘蔗：辖区内村名。

贤僚：辖区内社区名。

小布：辖区内村名。

流潮：辖区内社区名。

梦里水乡

北滘

佛山市顺德区北滘镇，位于顺德区中北部，广东省“百千万工程”首批典型镇，面积92平方千米，户籍人口18万人，常住人口约42万人，下辖10个行政村和10个社区。北滘镇获全国特色小城镇、全国重点镇、国家卫生镇等荣誉称号，入选广东省经济发达镇行政管理体制改革试点。

【拆】

北：丬、匕。

滘：氵、空，口。

【诗】

粮草兼匕匙，北燕东南集。

碧空笼水口，滘西出美的。

【注】

匕匙：勺子。

滘西：西滘村，美的创始人出生地。

北滘门夜景

明城

佛山市高明区明城镇，位于高明区中部，是广东省“百千万工程”首批典型镇，面积183.55平方千米，常住人口4.44万人，户籍人口5.39万人，下辖13个行政村和1个社区。明城镇获国家小城镇经济综合开发示范镇、国家级生态乡镇、广东省文明村镇、广东省中心镇等荣誉称号。

【拆】

明：日、月。

城：土、成。

【诗】

日月开新元，明阳东洲澜。

文昌土成塔，城里出三谭。

【注】

明阳：辖区内村名。

东洲：东洲春浪，明城旧八景之一。

文昌：文昌塔。

三谭：“革命三谭”，指谭平山、谭植棠、谭天度，中国共产党早期党员。

高明河

白坭

佛山市三水区白坭镇，位于三水区南部，是广东省“百千万工程”首批典型镇，面积66.69平方千米，户籍人口约3万人，下辖2个行政村和1个社区。白坭镇获中国镇域高质量发展500强镇、国家卫生镇、广东省综合实力百强镇、广东省乡村治理示范镇、广东省休闲农业与乡村旅游示范镇等荣誉称号。

【拆】

白：′、日。

坭：土、尼。

【诗】

昨日点银洲，白沙聚贤楼。

仲尼土酒敬，坭藤绕岗头。

【注】

银洲：辖区内地名。

岗头：辖区内村名。

聚贤楼：辖区内建筑。

聚贤楼

犁市

韶关市浈江区犁市镇，位于浈江区西部，是广东省“百千万工程”首批典型镇，面积305平方千米，户籍人口4.55万人，常住人口3.59万人，下辖18个行政村和3个社区。犁市镇以“百千万工程”为抓手，大力建设革命历史文化名镇、特色产业强镇、精神文明建设示范镇。

【拆】

犁：利、牛。

市：丶、一、巾。

【诗】

梅塘利放牛，犁田到溪头。

红巾一点聚，市铺当围楼。

【注】

梅塘：辖区内村名。

溪头：辖区内村名。

铺当：犁市当铺，南昌起义部队革命活动旧址。

安岗村

龙归

韶关市武江区龙归镇，位于武江区中部，是广东省“百千万工程”首批典型镇，面积237平方千米，户籍人口约4万人，常住人口2.86万人，下辖15个行政村和1个社区。龙归镇大力建设生态农旅体验镇、武江高质量发展副中心、省级城乡融合发展美丽小城镇建设示范镇。

【拆】

龙：乂、七。

归：三、川。

【诗】

七乂躬身得，龙腾文武阁。

三皇石川过，归赏坳头荷。

【注】

文武阁：辖区内名胜古迹。

三皇石：辖区内名胜古迹。

坳头：辖区内村名。

龙归镇

大塘

韶关市曲江区大塘镇，位于曲江区东北部，是广东省“百千万工程”首批典型镇，面积175平方千米，户籍人口3.63万人，下辖15个行政村和1个社区。大塘镇是第三批全国小城镇发展改革试点镇和农业科技示范镇、山区信息化建设试点镇、蔬菜专业镇技术创新试点镇、小城镇技术集成应用试点镇。

【拆】

大：一、人。

塘：土、唐。

【诗】

远古人一来，大寨梅花开。

庭唐多土物，塘映仙塔台。

【注】

寨梅花：梅花寨，辖区内新石器时代的古遗址。

庭唐：平坦的道路。

仙塔：仙人塔。

蔬菜种植

北乡

韶关市乐昌市北乡镇，位于乐昌市中部，是广东省“百千万工程”首批典型镇，面积93.6平方千米，常住人口1.14万人，下辖8个行政村。马蹄是北乡镇特色农业，也是农村经济支柱产业，涌现出“全省先进基层党组织”等先进村居。

【拆】

北：六、乚。

乡：川、二。

【诗】

六合序毫厘，北风绿浪齐。

二月山川秀，乡村多马蹄。

【注】

乚：同“毫”。

六合：宇宙。

马蹄：北乡是马蹄之乡。

北乡深山

珠玑

韶关市南雄市珠玑镇，位于南雄市北部，广东省“百千万工程”首批典型镇，面积197.53平方千米，户籍人口4.53万人，下辖22个行政村和1个社区。珠玑镇入选首批全国乡村旅游重点镇（乡）名单，拥有珠玑古巷、梅关古道2个国家AAAA级景区。

【拆】

珠：王、朱。

玑：一、土、几。

【诗】

王气朱颜真，珠水望修仁。

几土一古巷，玑镜梅关痕。

【注】

修仁：明代珠玑镇分属灵潭都、修仁都。

古巷：珠玑古巷。

玑镜：大珠，光洁可作镜用，喻鉴察力。

珠玑镇

城口

韶关市仁化县城口镇，位于仁化县北部，是广东省“百千万工程”首批典型镇，面积266.89平方千米，常住人口6044人。城口镇获广东省特色小镇、广东省信访工作示范乡镇、广东省文化和旅游特色镇等荣誉称号。

【拆】

城：千、万、戈。

口：二、二。

【诗】

千军万戈骁，城头水东桥。

二师战二日，口传铜鼓谣。

【注】

水东桥：辖区内桥名，1934 年红军智取城口曾经过。

铜鼓：铜鼓岭战役。

红军长征粤北纪念馆

顿岗

韶关市始兴县顿岗镇，位于始兴县东南部，是广东省“百千万工程”首批典型镇，面积105平方千米，常住人口1.66万人，下辖11个行政村和1个社区。顿岗镇以深入实施“百千万工程”为抓手，致力打造始兴县域副中心、现代农业特色示范镇、韶关全域旅游驿站。

【拆】

顿：屯、页。

岗：山、冈。

【诗】

村屯翻页篇，顿觉宝溪闲。

寨头山冈立，岗低马蹄田。

【注】

宝溪：辖区内村名。

寨头：辖区内村名。

马蹄：“始兴顿岗马蹄”是国家地理标志产品。

收柑橘

翁城

韶关市翁源县翁城镇，位于翁源县西部，是广东省“百千万工程”首批典型镇，面积137.2平方千米，户籍人口3.81万人，流动人口1.19万人，下辖17个行政村和1个社区。翁城镇先后入选城乡融合发展省级试点镇、美丽圩镇试点示范创建名单，努力走出一条非县城中心镇服务和带动乡村融合发展的发展路径。

【拆】

翁：公、习、习。

城：土、成。

【诗】

公园习习风，翁须垂钓东。

土成神仙水，城蕴淡雅中。

【注】

神仙水：上庙水，辖区内河流。

淡雅：翁城镇被誉为“中国至淡雅小镇”。

明星村

马头

韶关市新丰县马头镇，位于新丰县东北部，是广东省“百千万工程”首批典型镇，面积530平方千米，户籍人口约4.58万人，常住人口约2.01万人，下辖30个行政村和3个社区。马头镇立足“一核两翼三板块”总体布局，激活红色、农耕、客家、江源、移民文化资源，高标准打造“芳华水韵”环马线乡村振兴示范带。

【拆】

马：与、一。

头：二、大。

【诗】

与君表一言，马腾门槛前。

军二尝大菜，头版树秀田。

【注】

马腾门槛前：辖区内名胜“九栋十八井”门槛石板上刻有骏马图。

军二：辖区内村名，以美食著称。

秀田：辖区内村名。

大陂村

桂头

韶关市乳源瑶族自治县桂头镇，位于乳源瑶族自治县东北部，是广东省“百千万工程”首批典型镇，面积124.51平方千米，户籍人口约3.83万人，下辖14个行政村和1个社区。桂头镇致力于发展低空经济、商贸物流，推动形成航空产业园、商贸物流园、仙湖工业园“三园”联动格局。

【拆】

桂：木、土、土。

头：介、人。

【诗】

木出土成双，桂花暗飘香。

路人何介问，头秋满粮仓。

【注】

桂花：辖区内桂塘山以长有很多桂花树闻名。

头秋：接近秋收的日子。

粮仓：桂头镇打造“乳源粮仓”等品牌。

桂头镇

顺天

河源市东源县顺天镇，位于东源县北部，是广东省“百千万工程”首批典型镇，面积114.28平方千米，户籍人口约3万人，下辖11个行政村和1个社区。顺天镇抓住典型镇培育建设机遇，创新“村企共建”，做强富镇强村公司，激活镇域经济。

【拆】

顺：川、页。

天：二、人。

【诗】

画页如山川，顺水至云端。

二龙岗人盛，天湖起滑滩。

【注】

天湖：顺天湖，镇的得名来源。

二龙岗：辖区内村名。

滑滩：辖区内村名。

无人农场

热水

河源市和平县热水镇，位于和平县西部，是广东省“百千万工程”首批典型镇，面积172.51平方千米，人口约2万人，下辖7个行政村和1个社区。热水镇获广东省生态示范镇、广东省旅游特色镇、中国休闲旅游“最喜爱的休闲名镇”等荣誉称号。

【拆】

热：执、灬。

水：八、小。

【诗】

执手如火炉，热泉人不孤。

八月小学事，水窗见南湖。

【注】

灬：同“火”。

八月小学事：中共和平县第一个党支部旧址位于和平县热水镇中兴村罗氏祠堂。1934 年，罗响创办东华小学，开展农民运动。1938 年 6 月，中共南方工委在热水成立党小组。同年 8 月，在东华小学成立中共和平县支部。

九连山

佗城

河源市龙川县佗城镇，位于龙川县最南端，是广东省“百千万工程”首批典型镇，有“秦朝古镇，汉唐名城”之美称，是南越王赵佗的兴王之地，面积218平方千米，人口约4.44万人，下辖17个行政村和1个社区。佗城镇抢抓高铁开通、省级典型镇创建、佗城古镇升级改造等重大历史机遇，致力打造省级文旅名镇。

【拆】

佗：亻、它。

城：土、成。

【诗】

它日正春秋，佗善治循州。

土成正相塔，城内学宫幽。

【注】

循州：佗城旧称。

正相塔：辖区内古迹，省级文物保护单位。

学宫：龙川学宫。

正相塔

蓝塘

河源市紫金县蓝塘镇，位于紫金县西南部，是广东省“百千万工程”首批典型镇，面积301.9平方千米，人口约8.7万人，下辖26个行政村和1个社区。蓝塘镇获全国重点镇、广东省中心镇等荣誉称号。

【拆】

蓝：艹、临、丨。

塘：土、唐。

【诗】

临湖草竖长，蓝调云舒张。

唐诗生于土，塘系秋香江。

【注】

秋香江：辖区内河流，被称为“紫金县的母亲河”。

茶园

忠信

河源市连平县忠信镇，位于连平县境南部，是广东省“百千万工程”首批典型镇，面积151平方千米，户籍人口5.2万人，常住人口7.3万人，下辖12个行政村和5个社区。忠信镇获全国重点镇、全国经济综合发展示范镇等荣誉称号。

【拆】

忠：中、心。

信：亻、言。

【诗】

瞄准副中心，忠厚显基因。

人言花灯美，信誉值千金。

【注】

副中心：忠信镇是连平县域发展的副中心，也是河源市灯塔盆地国家现代农业示范区建设的副中心。

花灯：忠信吊灯，省级非物质文化遗产。

元宵忠信看花灯

松口

梅州市梅县区松口镇，位于梅县区东北部，是广东省“百千万工程”首批典型镇，面积328平方千米，户籍人口约6.14万人，下辖41个行政村和5个社区。松口镇获全国重点镇等荣誉称号，松口古镇、古街区分别被公布为中国历史文化名镇、中国历史文化名街。

【拆】

松：木、公。

口：二、二。

【诗】

公木头纳凉，松影思南洋。

移民二一二，口碑有广场。

【注】

纳凉：甘露纳凉，松口八景之一。

南洋：松口镇是近代以来粤、闽、赣等地客家人下南洋的第一站。

移民、广场：2012年，松口镇被联合国教科文组织确定为“中国移民纪念地”，建有中国唯一的“中国（梅州）移民纪念广场”。

火船码头

雁洋

梅州市梅县区雁洋镇，位于梅县区东北部，是广东省“百千万工程”首批典型镇，面积188平方千米，户籍人口约3.4万人，下辖27个行政村和2个社区。雁洋镇以壮大镇域经济和建设活力雁洋为导向，突出产业兴镇、乡村振兴和联镇带村，打造粤东旅游第一名镇，探索具有山区特色的典型镇发展道路。

【拆】

雁：厂、从、住、一。

洋：氵、¥、十。

【诗】

一厂住主从，雁南飞山中。

十钱桥溪水，洋溢五指峰。

【注】

雁南飞：辖区内以茶文化为主题的雁南飞茶田度假村。

桥溪：辖区内村名，广东最美十大古村落之一。

五指峰：粤东名山阴那山五指峰。

阴那山五指峰

黄槐

梅州市兴宁市黄槐镇，位于兴宁市北部，是广东省“百千万工程”首批典型镇，面积93平方千米，常住人口约0.9万人，辖12个行政村和1个社区。黄槐镇获广东省卫生镇等荣誉称号，全力打造全民国防教育基地标杆、全省绿美生态建设示范、“百千万工程”典型镇中的典型，奋力再造“小香港”的繁荣。

【拆】

黄：共、由。

槐：木、鬼。

【诗】

共享有原由，黄昏可放牛。

木刻够盏鬼，槐西四角楼。

【注】

盏鬼：粤语词汇，表示事物十分有趣、可爱。

四角楼：辖区内特色古民居。

梅龙高铁

叶塘

梅州市兴宁市叶塘镇，位于兴宁市西北部，是广东省“百千万工程”首批典型镇，面积166.81平方千米，户籍人口约8.16万人，下辖41个行政村和1个社区。叶塘镇获广东省文化和旅游特色镇、广东省乡村振兴示范镇等荣誉称号。

【拆】

叶：口、十。

塘：土、店、彐。

【诗】

鸭池十口梅，叶随汤湖飞。

土店墙如雪，塘映磐安围。

【注】

鸭池：辖区内村名。

汤湖：汤湖温泉，“温泉濯足”是兴宁古八景之一。

彐：曾为雪的简化字。

磐安围：兴宁保存最完整、最具规模和最有特色的围龙屋。

磐安围

石正

梅州市平远县石正镇，位于平远县南部，是广东省“百千万工程”首批典型镇，全国重要的南药梅片种植加工生产基地，面积101平方千米，户籍人口约3.3万人，下辖18个村（社区）。石正镇大力实施工业兴镇、建设农业强镇、推动旅游旺镇，构建“三产融合、三产齐飞”发展格局。

【拆】

石：入、口。

正：一、止。

【诗】

入口乃人开，石级上南台。

一路须知止，正和自然来。

【注】

南台：南台山。

正和：辖区内村名。

南台山

新铺

梅州市蕉岭县新铺镇，位于蕉岭县最南端，是广东省“百千万工程”首批典型镇，面积184.9平方千米，户籍人口约4.23万人，下辖21个行政村和1个社区。新铺镇获全域土地综合整治国家级试点镇、广东省建材专业镇等荣誉称号。

【拆】	【诗】
新：亲、斤。	万斤如亲恩，新貌现尖坑。
铺：钅、义、用。	金义同并用，铺店齐亮灯。

【注】

尖坑：尖坑村，抗日名将谢晋元将军的故乡。

竹稻杂交品种

三河

梅州市大埔县三河镇，位于大埔县西部，是广东省“百千万工程”首批典型镇，面积152.24平方千米，人口约1.95万人，下辖12个行政村和1个社区。三河镇落实苏区融湾先行区建设任务，以红色资源为依托，向改革创新要动力，走好“工业强镇、文旅兴镇”之路。

【拆】

三：一、二。

河：氵、可。

【诗】

八一二度功，三将军弟兄。

韩江水可溯，河坝战役红。

【注】

八一：南昌起义。

三将军弟兄：范汉杰、范剑江、范作人，为国民党军中将、少将，合称“兄弟三将军”。

韩江水：韩江的源头在三河镇。

河坝战役：1927 年 10 月，南昌起义军在朱德的率领下在三河镇打响三河坝战役。

三河坝战役纪念馆

留隍

梅州市丰顺县留隍镇，位于丰顺县东部，是广东省“百千万工程”首批典型镇，面积428.23平方千米，人口约10.2万人，下辖36个行政村和1个社区。留隍镇被确定为第三批国家新型城镇化综合试点地区，获批建设第二批全国特色小镇。

【拆】

留：卯、田。

隍：阝、皇。

【诗】

田映卯时光，留连蔗溪旁。

耳闻宋皇语，隍陴万江康。

【注】

蔗溪：辖区内村名。

隍陴：城壕与女墙，借指城池。

万江：留隍旧称。

留隍镇

华城

梅州市五华县华城镇，位于五华县北部，是广东省“百千万工程”首批典型镇，面积247.5平方千米，人口13.5万人，下辖34个行政村和3个社区。华城镇获广东省文明镇、广东省教育强镇等荣誉称号。

【拆】

华：人、七、十。

城：土、万、戈。

【诗】

七十人达通，华章伴狮雄。

万戈陈越土，城央长乐宫。

【注】

狮雄：狮雄山。

长乐宫：南越王赵佗曾筑行宫“长乐宫”。

华城镇

汝湖

惠州市惠城区汝湖镇，位于惠城区中北部，是广东省“百千万工程”首批典型镇，面积157平方千米，常住人口约6万人，下辖23个行政村和4个社区。汝湖镇获全国社会治安综合治理先进集体、广东省乡村治理示范镇、广东省教育强镇、广东省甜玉米专业镇、广东省专业镇建设镇等荣誉称号。

【拆】

汝：氵、女。

湖：沽、月。

【诗】

七女水映天，汝地觉之先。

月下沽酒去，湖畔包粟前。

【注】

七女：汝湖镇是辛亥革命“七女湖起义”的策源地。

包粟：玉米。

杨坤如祖居

新圩

惠州市惠阳区新圩镇，位于惠阳区西部，是广东省“百千万工程”典型镇，面积153.52平方千米，人口约18万人，下辖11个行政村和2个社区。新圩镇聚焦城镇提能、蝶变升级，力促城市风貌、产业发展等有质的提升，以钉钉子精神推动各项部署落地落实。

【拆】

新：立、析。

圩：土、于。

【诗】

立意多赏析，新质梅龙宜。

世居生于土，圩长布谷啼。

【注】

梅龙：梅龙湖。

世居：大塘世居，抗日战争时期东江纵队多次把司令部驻扎在此。

长布：辖区内村名。

大塘世居

白盆珠

惠州市惠东县白盆珠镇，位于惠东县中东部，是广东省“百千万工程”首批典型镇，面积398平方千米，户籍人口约2.4万人，下辖12个行政村和1个社区。白盆珠镇获广东省乡村振兴示范镇、广东省文化和旅游特色镇等荣誉称号，涌现出“广东省乡村振兴示范村”横江村。

【拆】	【诗】
白：丶、日。	白马点日窑，盆皿分低高。
盆：分、皿。	王者牛人聚，珠水横江涛。
珠：王、牛、人。	

【注】

白马：白马窑。

横江：辖区内村名。

白盆珠水库

石湾

惠州市博罗县石湾镇，位于博罗县西部，是广东省“百千万工程”首批典型镇，面积83平方千米，常住人口近19万人，下辖12个行政村和2个社区。石湾镇进入“2024年度全国综合实力千强镇”榜单，获全国重点镇、广东省技术创新专业镇、广东省中心镇等荣誉称号。

【拆】

石：入、口。

湾：氵、弯。

【诗】

源头入口芳，石记茹屋郎。

明月弯照水，湾韵传铁场。

【注】

源头：辖区内村名。

茹屋：抗日战争时期茹屋村是东江纵队独立第二大队进行革命活动的重要据点，有茹屋之战。

明月：明月寺。

铁场：辖区内村名。

石湾镇

永汉

惠州市龙门县永汉镇，位于龙门县西部，是广东省"百千万工程"首批典型镇，面积216平方千米，户籍人口5.4万人，常住人口4.9万人，下辖22个行政村和2个社区。永汉镇获全国文明村镇、广东省文明镇、广东省旅游特色镇、广东省生态乡镇等荣誉称号。

【拆】

永：丶、一、水。

汉：三、又。

【诗】

热水多一点，永记环两山。

三产又提质，汉风凌云欢。

【注】

环两山："环南昆山—罗浮山县镇村高质量发展示范区"，简称环"两山"示范区。

凌云：凌云塔。

南昆山国家森林公园

碣石

汕尾市陆丰市碣石镇，位于陆丰市南部，是广东省“百千万工程”首批典型镇，面积120平方千米，常住人口18.77万人，下辖37个行政村和5个社区。碣石镇获全国重点镇、中国历史文化名镇、广东省中心镇、广东省历史文化名城、广东省文化和旅游特色镇等荣誉称号。

【拆】

碣：人、口、曷。

石：万、1。

【诗】

曷人口不凡，碣碑有遗篇。

万树拥一海，石矗玄武山。

【注】

曷：什么。

玄武山：辖区内山名。

中广核汕尾甲子海上风电项目

可塘

汕尾市海丰县可塘镇，位于海丰县东部，是广东省"百千万工程"首批典型镇，面积76.86平方千米，户籍人口6.4万人，常住人口约5万人，下辖21个行政村和1个社区。可塘镇获全国重点镇、中国彩色宝石之都、中国珠宝玉石首饰特色产业基地等荣誉称号。

【拆】	【诗】
可：丁、口。	开口说拉丁，可知珠宝精。
塘：土、唐。	唐棣出于土，塘聚宋溪清。

【注】

珠宝：可塘被誉为"中国彩色宝石之都"，以丰富的彩色宝石资源和先进的加工技术而闻名。

宋溪：辖区内古迹。

海丰鸟类省级自然保护区

水唇

汕尾市陆河县水唇镇，位于陆河县东北部，是广东省“百千万工程”首批典型镇，面积121平方千米，人口约5万人，下辖16个村（社区）。水唇镇获广东省生态宜居示范镇、广东省旅游风情小镇、广东省文化和旅游特色镇等荣誉称号。

【拆】

水：八、小。

唇：辰、口。

【诗】

八里小山孤，水绝飞瀑出。

良辰螺洞口，唇吻青梅酥。

【注】

飞瀑：南进寨瀑布。

螺洞：辖区内村名。

青梅：辖区内万亩青梅生态水果观赏区。

螺洞河

茶山

东莞市茶山镇，位于东莞市北部，是广东省“百千万工程”首批典型镇，面积45.4平方千米，户籍人口7.2万人，常住人口37.3万人，下辖16个行政村和2个社区。茶山镇获全国文明镇、国家卫生镇、中国食品名镇等荣誉称号。

【拆】

茶：卄、人、木。

山：川、一。

【诗】

草木与人同，茶花白亦红。

一川过南社，山顶访仙踪。

【注】

南社：辖区内村名。

遗踪：辖区内象岭山顶建有仙踪阁，可观全镇景观。

超朗村

东坑

东莞市东坑镇，位于东莞市中部，是广东省“百千万工程”首批典型镇，面积23.8平方千米，户籍人口4.6万人，下辖14个行政村和2个社区。东坑镇获全国文明镇、国家卫生镇、广东省通讯电子技术创新专业镇、广东省教育强镇等荣誉称号。

【拆】

东：+、木。

坑：土、亢。

【诗】

古木齐加油，东守新门楼。

亢土亭岗岭，坑美古韵秋。

【注】

新门楼：辖区内村名。

亭岗岭：辖区内最高峰。

坑美：辖区内村名。

东坑农业园

寮步

东莞市寮步镇，位于东莞市中部，是广东省“百千万工程”首批典型镇，面积72.54平方千米，户籍人口13.6万人，常住人口52万人，下辖30个村（社区）。寮步镇获中国电子信息产业名镇、中国汽车销售名镇、国家级生态乡镇、全国乡村旅游重点镇、国家卫生镇等荣誉称号。

【拆】

寮：宀、尞。

步：小、卡。

【诗】

田家燔尞天，寮倚西溪南。

打卡小香市，步韵美人潭。

【注】

燔尞：酷热如焚。

西溪：辖区内村名。

香市：香市公园。

美人潭：辖区内景点。

莞惠城际寮步站

清溪

东莞市清溪镇，位于东莞市东南部，是广东省“百千万工程”首批典型镇，面积140.12平方千米，户籍人口5.8万人，常住人口35万人，下辖20个行政村和1个社区。清溪镇获全国重点镇、全国文明镇、国家卫生镇、中国最美小镇、广东省中心镇等荣誉称号。

【拆】

清：氵、青。

溪：氵、奚。

【诗】

禾青三日闲，清净广缘庵。

眼前水奚似，溪绕银瓶山。

【注】

广缘庵：抗日战争时期东江纵队的活动基地。

奚似：何似。

银瓶山：辖区内景点，有“小九寨沟”之称。

清溪镇碧道

塘厦

东莞市塘厦镇，位于东莞东南部，是广东省“百千万工程”首批典型镇，面积128平方千米，户籍人口约11.13万人，常住人口约79.16万人，下辖22个社区和1个生活区。塘厦镇获国家卫生镇、国家级生态乡镇、国家园林城镇、广东省宜居示范镇、广东省中心镇、中国百强镇等荣誉称号。

【拆】

塘：土、唐。

厦：厂、夏。

【诗】

唐圃出田心，塘新舞麒麟。

工厂冬如夏，厦宇始多金。

【注】

唐圃：场圃，指种植瓜果菜蔬的园地。

田心：辖区内社区名。

塘新：辖区内社区名。

舞麒麟：塘厦舞麒麟，省级非物质文化遗产。

塘厦迎宾大道

凤岗

东莞市凤岗镇，位于东莞市东南端，是广东省“百千万工程”首批典型镇，面积82.43平方千米，户籍人口5.83万人，常住人口64万人，下辖11个行政村和1个社区。凤岗镇打造莞深创新融合区，获全国重点镇、国家卫生镇、全国象棋之乡、广东省森林小镇等荣誉称号。

【拆】

凤：几、又。

岗：山、冈。

【诗】

又吟几许愁，凤舞山歌留。

山冈新圩日，岗下排屋楼。

【注】

山歌：凤岗是中国客家山歌之乡。

新圩：凤岗为民国初年新设圩市，因东面小山形似凤凰得名。

排屋楼：辖区内古迹。

凤岗镇

长安

东莞市长安镇，位于东莞市南端，是广东省“百千万工程”首批典型镇，面积79.69平方千米，常住人口80.4万人，下辖15个社区。长安镇是中国电子信息产业重镇、中国机械五金模具名镇，拥有千亿级的电子信息产业集群。

【拆】

长：七、八。

安：宀、女。

【诗】

七八已成群，长盛产业匀。

家有儿女乐，安心把梦寻。

【注】

长盛：辖区内社区名。

家有儿女：电视剧名。

三八河

厚街

东莞市厚街镇，位于东莞市西南部，是广东省“百千万工程”首批典型镇，面积126.15平方千米，常住人口约55.08万人，下辖24个社区。厚街镇形成了以机电、家具等为支柱的产业集群，获珠三角工业重点卫星镇、全国乡镇企业百强镇、全国出口创汇十强镇等荣誉称号。

【拆】

厚：石、一、子。

街：行、圭。

【诗】

石子路一开，厚实自然来。

圭臬行致远，街中有鳌台。

【注】

鳌台：鳌台书院，东莞新十景之一。

鳌台书院

洪梅

东莞市洪梅镇，位于东莞市西部，是广东省“百千万工程”首批典型镇，面积33.2平方千米，户籍人口2.2万人，常住人口约6.5万人，下辖9个行政村和1个社区。洪梅镇新招引落地国盈光电、极飞无人机等项目，推动传统产业转型升级。

【拆】

洪：氵、共。

梅：木、每。

【诗】

一水共连通，洪屋喜相逢。

木荫每笑语，梅沙起凉棚。

【注】

洪屋：洪屋涡，辖区内村名。

梅沙：辖区内村名。

凉棚：梅沙凉棚，辖区内景观。

莞惠城轨

麻涌

东莞市麻涌镇，位于东莞市西北部，是广东省“百千万工程”首批典型镇，面积91平方千米，户籍人口9.3万人，常住人口25万人，下辖13个行政村和2个社区。麻涌镇以现代临港产业集群为基础，现代临港产业发达，是现代临港产业重镇。

【拆】

麻：广、林。

涌：汉、用。

【诗】

林深广韵出，麻桑鱼米足。

星汉藏妙用，涌聚华阳湖。

【注】

华阳湖：华阳湖国家湿地公园。

华阳湖国家湿地公园

三乡

中山市三乡镇，位于中山市南部，是广东省“百千万工程”首批典型镇，面积93平方千米，户籍人口约9.1万人，常住人口约25.4万人，下辖12个行政村和4个社区。三乡镇获国家生态文明建设示范镇、全国特色景观旅游名镇、中国最美村镇、新时代中国文旅融合创新示范镇等荣誉称号。

【拆】

三：一、一、一。

乡：二、川。

【诗】

一级一复一，三妹山赏桔。

桥头二川汇，乡村古鹤奇。

【注】

三妹山：罗三妹山。

桥头：辖区内村名。

古鹤：辖区内村名。

三乡镇

古镇

中山市古镇镇，位于中山市西北部，是广东省“百千万工程”首批典型镇，面积52.2平方千米，常住人口22.5万人，下辖12个行政村和1个社区。古镇镇是闻名国内外的“中国灯饰之都”。

【拆】

古：十、口。

镇：钅、真。

【诗】

村口高十分，古溪出飞人。

真金靠实业，镇店灯名闻。

【注】

古溪：古镇旧称。

飞人：“亚洲飞人”苏炳添出生于古镇镇。

古镇镇

小榄

中山市小榄镇，位于中山市西北部，是广东省“百千万工程”首批典型镇，面积147.29平方千米，户籍人口约33.6万人，常住人口超78万人，下辖6个行政村和23个社区。小榄镇打造中国五金制品产业基地、中国办公家具重镇、中国半导体智能照明创新基地等8个国家级产业集群，获广东省中心镇等荣誉称号。

【拆】

小：八、J。

榄：木、览。

【诗】

生机八面忙，小镇菊飘香。

木艺值览阅，榄形社会昌。

【注】

J：音“机”。

菊花：小榄菊花会，国家级非物质文化遗产。

榄形社会：橄榄型社会结构，指极富和极穷的群体占比很小，而中间阶层相当庞大的社会结构。

小榄菊花会

崖门

江门市新会区崖门镇，位于新会区西南部，是广东省“百千万工程”首批典型镇，面积206平方千米，常住人口6.5万人，下辖17个行政村和2个社区。崖门镇依托“海工装备产业园+深江产业合作平台”两大平台，聚焦新一代电子信息、海工装备制造、节能环保（新材料）、生物医药与健康四大主导产业。

【拆】

崖：山、厓。

门：i、J。

【诗】

海战厓山停，崖藏宋月明。

衣食几件事，门户显康宁。

【注】

i：音“衣”。

J：音“几”。

海战厓山：厓山海战。

“绿野仙踪”景点

斗山

江门市台山市斗山镇，位于台山市东南部，是广东省“百千万工程”首批典型镇，面积137.05平方千米，常住人口5.3万人，下辖18个行政村和1个社区。斗山镇是广东省文化名村建设示范镇，初步形成食品加工、五金家电、纺织制衣、建筑材料等主导产业。

【拆】

斗：二、十。

山：一、川。

【诗】

二十里墩头，斗谷因田稠。

一川影浮月，山枕横江流。

【注】

墩头：辖区内村名。

田稠：辖区内村名。

浮月：辖区内村名。

横江：辖区内村名。

浮月村碉楼

赤坎

江门市开平市赤坎镇，位于开平市中部，是广东省"百千万工程"首批典型镇，面积62.1平方千米，户籍人口4.3万人，居住人口2.3万人，下辖19个行政村。赤坎镇引进新业态、新场景，逐步打造文保展示、非遗文创、酒店民宿、特色餐饮、文艺表演等复合型业态。

【拆】

赤：一、亦。

坎：土、欠。

【诗】

亦因一骑楼，赤子多乡愁。

沃土无欠产，坎高潭江流。

【注】

骑楼：辖区内特色建筑。

潭江：辖区内河流。

赤坎影视基地

共和

江门市鹤山市共和镇，位于鹤山市东南部，是广东省“百千万工程”首批典型镇，面积90.07平方千米，户籍人口约3万人，常住人口约5万人，下辖9个行政村和2个社区。共和镇与鹤山工业城合署办公，逐步成为鹤山工业经济发展的主阵地之一。

【拆】	【诗】
共：廿、一、八。	一草八面生，共济过泮坑。
和：禾、口。	稻禾绕村口，和衷伴良庚。

【注】

泮坑：辖区内村名。

良庚：辖区内村名。

江罗高速，起自鹤山共和镇

古劳

江门市鹤山市古劳镇，位于鹤山市北部，是广东省“百千万工程”首批典型镇，面积65平方千米，户籍人口2.98万人，外来人口约1.8万人，下辖12个行政村和1个社区。古劳水乡是珠江三角洲典型的原生态水乡，被誉为“东方威尼斯”“最原始生态水乡”和“醉美岭南水乡”。

【拆】

古：十、口。

劳：艹、冖、力。

【诗】

溪口十里长，古月照水乡。

幂幂生草力，劳获大埠粮。

【注】

水乡：古劳是著名水乡。

冖：古同幂，覆盖之意。

大埠：辖区内村名。

古劳水乡

沙湖

江门市恩平市沙湖镇，位于恩平市东北部，是广东省“百千万工程”首批典型镇，面积164.86平方千米，户籍人口5.98万人，下辖21个行政村和1个社区。沙湖镇获国家重点镇、广东省中心镇、广东省文明镇、广东省卫生镇、广东省教育强镇、广东省森林城镇等荣誉称号。

【拆】

沙：氵、少。

湖：沽、月。

【诗】

年少驻水边，沙鸥尽飞翔。

月下沽酒去，湖米归满仓。

【注】

湖米：沙湖米，辖区特产。

沙湖镇

东平

阳江市阳东区东平镇，位于阳东区东南部，是广东省“百千万工程”首批典型镇，面积约131.5平方千米，常住人口5.8万人，下辖19个行政村和1个社区。东平镇按照小城市标准规划建设中心镇，从产业发展、公共服务、体制机制等多方面协同发力，打造全省典型镇建设示范样板。

【拆】

东：七、小。

平：干、八。

【诗】

七彩小渔船，东聚珍珠湾。

八月加油干，平价大澳鲜。

【注】

珍珠湾：辖区内景点。

八月：南海休渔期通常在八月结束。

大澳：大澳渔村，辖区内景区。

大澳渔村渔港

春湾

阳江市阳春市春湾镇，位于阳春市北部，是广东省“百千万工程”首批典型镇，面积352平方千米，户籍人口10.4万人，常住人口7.1万人，下辖28个村（社区）和1个水上办事处。春湾镇获全国文明村镇、广东省教育强镇、广东省森林小镇、广东省卫生镇等荣誉称号。

【拆】

春：一、夫、日。

湾：氵、弯。

【诗】

功夫一日闲，春绿龙宫岩。

漠阳水弯处，湾润马狮田。

【注】

龙宫岩：辖区内名胜。

漠阳水：漠阳江。

马狮田：辖区内村名。

石林峰林

沙扒

阳江市阳西县沙扒镇，位于阳西县西南部，是广东省“百千万工程”首批典型镇，面积38.33平方千米，户籍人口3.3万人，常住人口2.7万人，下辖4个行政村和5个社区。沙扒镇获广东省卫生镇、广东省宜居示范镇、广东省名镇建设示范镇、广东省旅游风情小镇、广东省文化和旅游特色镇等荣誉称号。

【拆】

沙：氵、少。

扒：扌、八。

【诗】

云少水映天，沙铺月亮湾。

八月多提气，扒艇笑声传。

【注】

月亮湾：辖区内景点。

沙扒镇

坡头

湛江市坡头区坡头镇，位于坡头区东部，是广东省“百千万工程”首批典型镇，面积89.1平方千米，户籍人口6.29万人，下辖11个行政村和1个社区。坡头镇获广东省文明镇、广东省卫生镇等荣誉称号。

【拆】

坡：坂、二。

头：三、人。

【诗】

石坂二度平，坡上公署青。

三人行求理，头领书室倾。

【注】

公署：广州湾法国公使署总公署坡头旧址。

书室：周兴书室，市级文物保护单位，著名爱国商人许爱周1913年兴建。

湛江机场高速

龙门

湛江市雷州市龙门镇，位于雷州市中南部，是广东省“百千万工程”首批典型镇，面积368平方千米，常住人口7.57万人，下辖21个行政村和6个社区。龙门镇推动县域发展，加力提速推进强县促镇带村，为奋力打造县镇村现代化建设样板积蓄动能。

【拆】

龙：尤、丿。

门：小、J。

【诗】

瀑撇尤平滩，龙跃潮溪边。

小机足荣域，门口酱油鲜。

【注】

平滩：辖区内村名。

潮溪：辖区内村名，历史文化名村。

J：音“机”。

足荣：辖区内村名。

龙门镇

安铺

湛江市廉江市安铺镇，位于廉江市西南部，是广东省“百千万工程”首批典型镇，面积85.5平方千米，户籍人口13.34万人，下辖18个行政村和14个社区。安铺镇获全国特色小镇、中国十大最具影响力美食名镇、广东省中心镇、广东省卫生镇、广东省体育之乡、广东省旅游风情小镇、广东省移动支付示范镇等荣誉称号。

【拆】

安：宀、女。

铺：钅、义、用。

【诗】

家幸男女怡，安定人心齐。

金漆用其义，铺陈白切鸡。

【注】

白切鸡：安铺鸡饭，包括白切鸡和鸡汤饭。

金漆：金漆招牌。

九洲江下游的红树林

吴阳

湛江市吴川市吴阳镇，位于吴川市西南部，是广东省“百千万工程”首批典型镇，面积81.6平方千米，户籍人口10.78万人，下辖15个行政村和4个社区。吴阳镇获中国历史文化名镇、中华诗词之乡等荣誉称号。

【拆】

吴：口、天。

阳：阝、日。

【诗】

街口天朦胧，吴城翠文翁。

耳闻中状日，阳高映双峰。

【注】

翠文翁：文翁耸翠，吴川古八景之一。

中状：高中状元。邑人林召棠为清朝道光三年（1823）癸未科状元。

双峰：双峰塔，辖区内建筑。

游灯闹元宵

岭北

湛江市遂溪县岭北镇，位于遂溪县西南部，是广东省“百千万工程”首批典型镇，面积109.06平方千米，户籍人口3.2万人，下辖7个行政村。岭北镇聚焦城乡协调发展，统筹推进新型城镇化和乡村振兴，加快融入湛江市区发展格局，补齐县域东西部发展差异短板。

【拆】

岭：山、令。

北：六、乚。

【诗】

山令田增光，岭中和事堂。

毫厘十六两，北京大屋忙。

【注】

田增：辖区内村名。

和事堂：田增村打造“和事堂”，创建“和事佬”调解机制。

乚：同“毫”。

北京大屋：辖区内建筑。

和事堂

曲界

湛江市徐闻县曲界镇，位于徐闻县中东部，是广东省“百千万工程”首批典型镇，面积320.24平方千米，户籍人口6.15万人，下辖14个行政村和3个社区。曲界镇获全国乡村特色产业十亿元镇、全国乡村特色产业产值超十亿元镇等荣誉称号，入选首批国家农业产业强镇名单。

【拆】

曲：由、1。

界：田、介。

【诗】

一品有原由，曲调入心头。

菠萝田荐介，界海愚公楼。

【注】

菠萝：徐闻曲界镇是中国菠萝生产第一镇。

愚公楼：辖区内村名。

菠萝生产基地

金塘

茂名市茂南区金塘镇，位于茂南区西北部，是广东省“百千万工程”首批典型镇，面积104.43平方千米，户籍人口约8.2万人，常住人口约6万人，下辖22个行政村和1个社区。金塘镇获广东省中心镇、广东省卫生镇等荣誉称号。

【拆】

金：余、一。

塘：土、唐。

【诗】

余晖画一幅，金洒油城墟。

唐园出白土，塘变好心湖。

【注】

油城墟：辖区内景点。

唐园：场地、园地。

白土：辖区内村名。

金塘镇田园综合体

沙琅

茂名市电白区沙琅镇，位于电白区北部，是广东省“百千万工程”首批典型镇，面积112.27平方千米，户籍人口为8.94万人，下辖15个行政村和3个社区。沙琅镇获首批国家农业产业强镇、广东省乡村治理示范镇、全国乡村治理示范镇等荣誉称号。

【拆】

沙：氵、少。

琅：王、良。

【诗】

山水少年牛，沙护榕木头。

豉油王良美，琅琅哐话留。

【注】

榕木头：辖区内一棵榕树，树龄达350年。

豉油：辖区特产。

哐话：辖区方言。

月琅口古屋

怀乡

茂名市信宜市怀乡镇，位于信宜市中部，是广东省“百千万工程”首批典型镇，面积162平方千米，户籍人口9.42万人，下辖24个行政村和2个社区。怀乡镇在产业发展、圩镇建设、文化传承、基层治理等方面持续用力，典型镇村建设取得更大成效。

【拆】	【诗】
怀：忄、不。	初心不能忘，怀想有主张。
乡：二、川。	虎跳川二景，乡愁黄华江。

【注】

虎跳：虎跳峡，辖区内风景。

怀乡镇

钱排

茂名市信宜市钱排镇，位于信宜市东北部，是广东省“百千万工程”首批典型镇，面积204.91平方千米，户籍人口7.7万人，下辖15个行政村和1个社区。钱排镇是广东省首批森林小镇示范镇，坚持“镇当城建”的原则，以小城市的标准来推动典型镇的升级建设。

【拆】

钱：钅、一、戈。

排：扌、非。

【诗】

一李抵金戈，钱气聚双合。

非凡提字处，排名有安德。

【注】

李：三华李，钱排镇号称中国三华李第一镇，有“中国李乡”美誉。

双合：辖区内村名。

安德：近代广东农民起义领袖凌十八故居，正厅有“安德堂”牌匾。

李花盛开

曹江

茂名市高州市曹江镇，位于高州市中部，是广东省“百千万工程”首批典型镇，面积129平方千米，户籍人口约7.8万人，下辖23个行政村和2个社区。曹江镇打造集商贸、餐饮、文旅及产业孵化于一体的高凉墟。

【拆】

曹：一、曲、日。

江：氵、工。

【诗】

一曲多日常，曹谢好文章。

水工挖荷垌，江流绕高凉。

【注】

曹谢：曹植和谢灵运，魏晋南北朝时期文学巅峰的代表。又曹江镇与谢鸡镇相邻。

荷垌：辖区内村名。

高凉：高凉墟，辖区内景区。

曹江镇

根子

茂名市高州市根子镇，位于高州市东南部，是广东省“百千万工程”首批典型镇，面积87平方千米，户籍人口约8万人，下辖17个行政村和1个社区。根子镇获国家农业产业强镇、国家荔枝标准化示范区、广东省乡村振兴示范镇等荣誉称号。

【拆】

根：木、艮。

子：了、一。

【诗】

元坝木艮通，根深中华红。

了望一千里，子夜柏桥浓。

【注】

元坝：辖区内村名。

中华红：中华红荔枝树，江泽民同志亲手种植。

柏桥：辖区内村名。

荔枝丰收

杨梅

茂名市化州市杨梅镇，位于化州市南部，是广东省“百千万工程”首批典型镇，面积92平方千米，户籍人口约9.2万人，下辖19个行政村和1个社区。杨梅镇发挥“茂名市淡水养鱼第一镇”罗非鱼专业镇优势，引进一大批水产企业，并借助预制菜产业园建设，做大做强“一桌菜”。

【拆】

杨：十、八、一、勿。

梅：木、每。

【诗】

十八勿一同，杨柳吻轻风。

山木每经雨，梅映化橘红。

【注】

化橘红：辖区特产。

化橘红

金利

肇庆市高要区金利镇，位于高要区东部，是广东省“百千万工程”首批典型镇，面积162平方千米，户籍人口约8.5万人，非户籍人口约13.5万人，下辖19个行政村和18个社区。金利镇是2024、2025全国镇域经济500强，享有中国小五金之乡、国家外贸转型升级基地、广东省五金专业镇等美誉，入选广东省城乡融合发展省级试点。

【拆】

金：余、一。

利：禾、刂。

【诗】

余晖一天空，金银铁锡铜。

举刀割禾草，利势龙舟风。

【注】

金银铁锡铜：五金，金利有“中国五金智造产业创新基地”之称。

龙舟：金利是龙舟之乡。

金利龙舟大赛

大沙

肇庆市四会市大沙镇，位于四会市南部，是广东省“百千万工程”首批典型镇，面积86.28平方千米，户籍人口约3.66万人，非户籍人口约1.3万人，下辖13个行政村和3个社区。大沙镇是广东省首批乡村振兴示范镇，连续八届入选全国千强镇，加快打造千亿产业强镇、争当广东镇域典型示范样板。

【拆】

大：一、人。

沙：氵、少。

【诗】

村美来一人，大鱼跃龙门。

水随年多少，沙隆马精神。

【注】

村美：辖区内村名。

大鱼：大沙渔，区域公用品牌。

隆马：辖区内村名。

太二美丽渔场

古水

肇庆市广宁县古水镇，位于广宁县西部，是广东省“百千万工程”首批典型镇，面积263.7平方千米，户籍人口约4.97万人，下辖14个行政村和1个社区。古水镇是广东省竹子加工专业镇，将“水、竹、乡”三大特色元素融入建设总体规划，围绕“一竹一河一瓷”产业布局推动产业升级。

【拆】

古：十、口。

水：小、八。

【诗】

村口十月舒，古树多晨读。

八方名不小，水养茶杆竹。

【注】

茶杆竹：辖区特产，有广宁“全国十大竹子之乡”的“竹子走廊”之称。

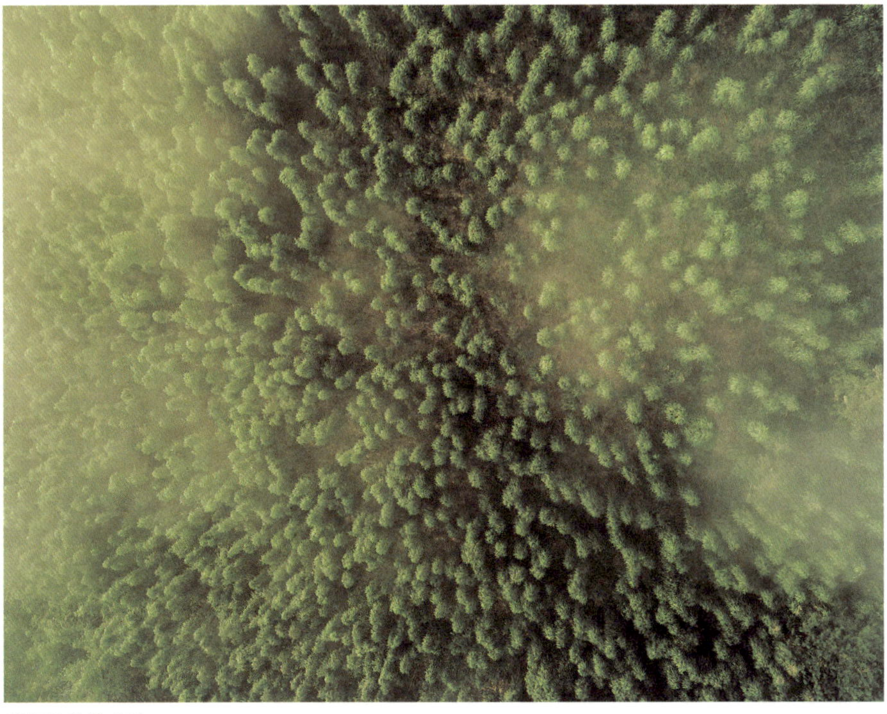

茶杆竹种植基地

马圩

肇庆市德庆县马圩镇，位于德庆县中部，是广东省“百千万工程”首批典型镇。总面积163.75平方千米，2022年末户籍人口约2.46万人，辖11个行政村、1个社区。马圩镇获乡村振兴乡村治理示范镇等荣誉称号。

【拆】

马：乃、二。

圩：土、于。

【诗】

二产丰乃安，马背拉贡柑。

前进源于土，圩镇有余闲。

【注】

贡柑：马圩盛产贡柑。

前进：辖区内村名。

元宵春祭

南丰

肇庆市封开县南丰镇，位于封开县北部，是广东省“百千万工程”首批典型镇，面积306平方千米，户籍人口约10.4万人，下辖30个行政村和2个社区。南丰镇做好现代农业文章，改善镇村风貌，提升人居环境，突出抓好公共基础设施建设，形成良田连片、村庄集中、产业聚集、生态优美的发展格局。

【拆】

南：大、¥。

丰：士、+。

【诗】

开明大钱生，南门集市逢。

侯村士加点，丰年忆古城。

【注】

开明：辖区内村名。

南门：一说南丰因在县城南门外龙吟桥南为集市，物资丰富而得名。

侯村：辖区内村名。

古城：开建古城。

茶园

蓝钟

肇庆市怀集县蓝钟镇，位于怀集县西北部，是广东省“百千万工程”首批典型镇，面积210平方千米，户籍人口约2.5万人，下辖8个行政村和1个社区。蓝钟镇入选广东省森林小镇认定名单，加快推进岳山温泉旅游度假区项目，着力打造集休闲农业、森林康养、温泉度假于一体的山水风光类文旅特色镇。

【拆】

蓝：艹、监。

钟：钅、口、1。

【诗】

草木皆可监，蓝调三岳天。

金口一开启，钟声振铜边。

【注】

三岳：辖区内省级自然保护区。

三岳省级自然保护区

太平

清远市清新区太平镇，位于清新区西南部，是广东省“百千万工程”首批典型镇，面积213.4平方千米，户籍人口约7.1万人，下辖22个行政村和1个社区。太平镇以典型村建设为抓手，持续深化秦皇片区国家级美丽乡村党建品牌建设。

【拆】

太：大、丶。

平：八、干。

【诗】

大楼常点灯，太霞兆年丰。

八方加油干，平地出北坑。

【注】

大楼：辖区内村名。

太霞：高空的云霞。

北坑：辖区内村名。

腾讯清远云计算数据中心

英红

清远市英德市英红镇，位于英德市中部，是广东省“百千万工程”首批典型镇，面积219平方千米，户籍人口约3.7万人，下辖6个行政村和6个社区。英红镇获国家农业产业强镇、广东省乡村治理示范镇、清远市美丽圩镇示范镇等荣誉称号。

【拆】

英：艹、央。

红：纟、工。

【诗】

城央草妖娆，英气聚仙桥。

工场丝丝雨，红茶更嫩娇。

【注】

仙桥：仙桥地下河景区。

红茶：英德红茶，中国国家地理标志产品。

英九庄园

东陂

清远市连州市东陂镇，位于连州市西北部，是广东省“百千万工程”首批典型镇，面积108.6平方千米，户籍人口约3.2万人，下辖9个行政村。东陂镇获国家农业产业强镇、广东省中心镇、广东省生态镇、广东省卫生镇、广东省城乡融合试点镇等荣誉称号。

【拆】

东：力、小。

陂：阝、皮。

【诗】

人小力如雷，东有冯达飞。

耳闻皮艇至，陂绿暗河谁？

【注】

冯达飞：中国空军史上首批飞行员之一、第一个飞行教官。

暗河：连州地下河。

东陂镇

水头

清远市佛冈县水头镇，位于佛冈县东部，是广东省"百千万工程"首批典型镇，面积146.21平方千米，户籍人口约3.2万人，下辖10个行政村和1个社区。水头镇入选2022年省级休闲农业与乡村旅游示范点、国家农业产业强镇项目立项名单，推动医养中心、魔芋基地、圩镇改造等强镇带村项目落地见效。

【拆】

水：八、小。

头：二、大。

【诗】

小溪八里弯，水韵有江源。

魔芋二斤大，头货数新联。

【注】

水韵、江源：江源水韵，乡村振兴示范带。

魔芋：水头镇引进魔芋产业，建设全省最大的商品魔芋种植基地、全国第一个魔芋推广服务平台。

新联：辖区内村名，魔芋产学研创新中心所在地。

魔芋种植基地

七拱

清远市阳山县七拱镇，位于阳山县南部，是广东省“百千万工程”首批典型镇，面积315.82平方千米，户籍人口约7.3万人，下辖17个行政村和1个社区。七拱镇获全国农业产业强镇、国家农业产业强镇、广东省休闲农业和乡村旅游示范镇等荣誉称号。

【拆】

七：一、乚。

拱：扌、共。

【诗】

一毫合十分，七卫士义真。

提速共前进，拱照龙脊奔。

【注】

乚：同“毫”。

扌：同“提”。

七卫士：孙中山七卫士。

龙脊：辖区内村名。

七拱河湾

永和

清远市连山壮族瑶族自治县永和镇，位于连山壮族瑶族自治县西北部，是广东省“百千万工程”首批典型镇，面积197.25平方千米，户籍人口2.5万人，常住人口1.5万人，下辖9个行政村和1个社区。永和镇获广东省文化和旅游特色镇等荣誉称号。

【拆】

永：八、水。

和：千、人、口。

【诗】

八水聚鹰扬，永润瑶妃堂。

千人齐口赞，和美稻花香。

【注】

鹰扬：鹰扬关。

瑶妃：瑶族皇太后李唐妹，明孝宗朱祐樘生母。

永和镇

寨岗

清远市连南瑶族自治县寨岗镇，位于连南瑶族自治县东南部，是广东省“百千万工程”首批典型镇，面积330.42平方千米，户籍人口约5.1万人，下辖24个村（社区）。寨岗镇获全国重点镇等荣誉称号。

【拆】

寨：寒、十。

岗：山、冈。

【诗】

十月夜微寒，寨口看安田。

山冈点篝火，岗上舞蹁跹。

【注】

安田：辖区内村名，有革命传统。

篝火：过山瑶篝火晚会。

寨岗镇

凤凰

潮州市潮安区凤凰镇，位于潮安区北部，是广东省“百千万工程”首批典型镇，面积227.06平方千米，户籍人口4.5万人，下辖27个行政村和2个社区。凤凰镇获全国文明镇、中国乌龙茶之乡、中国畲族发祥地、全国十大魅力茶乡、广东省卫生镇、广东省茶旅特色小镇、广东省旅游风情小镇等荣誉称号。

【拆】

凤：反、乙。

凰：几、皇。

【诗】

乙音反绕梁，凤飞天池旁。

堂皇几处有，凰栖茶树王。

【注】

乙音：中国古代乐谱工尺谱中记录声音的一种。

天池：凤凰天池景观。

茶树王：凤凰山之乌岽山顶上有一棵600多年的宋茶树王。

采摘单枞

柘林

潮州市饶平县柘林镇，位于饶平县东南部，是广东省“百千万工程”首批典型镇，面积12.3平方千米，户籍人口1.6万人，常住人口近万人，下辖4个行政村和3个社区。柘林镇获广东省卫生镇、绿美广东生态建设示范点等荣誉称号。

【拆】

柘：十、八、石。

林：木、木。

【诗】

十石八景成，柘树墙镇风。

木木风吹岭，林间白鹭横。

【注】

镇风：镇风塔，省级文物保护单位。

风吹岭：辖区内景点。

白鹭：白鹭天堂。

柘林港

埔田

揭阳市揭东区埔田镇，位于揭东区中部，是广东省“百千万工程”首批典型镇，面积81.30平方千米，人口6.95万人，下辖19个行政村和1个社区。埔田镇获全国特色小镇、全国农业产业强镇、广东省休闲农业与乡村旅游示范镇、广东省旅游风情小镇等荣誉称号。

【拆】

埔：土、甫。

田：口、十。

【诗】

土笋甫当餐，埔头飞凤岩。

村口蕉十顷，田垌水声潺。

【注】

笋：埔田镇盛产竹笋。

飞凤岩：辖区内风景名胜。

蕉：埔田镇盛产香蕉。

埔田镇

里湖

揭阳市普宁市里湖镇，位于普宁市西北部，是广东省“百千万工程”首批典型镇，面积84.9平方千米，户籍人口11.72万人，常住人口8.7万人，下辖23个行政村和2个社区。里湖镇获广东省中心镇、广东省卫生镇等荣誉称号。

【拆】

里：田、土。

湖：氵、古、月。

【诗】

土田茶树摇，里外侨乡高。

古寨水浮月，湖映龙门桥。

【注】

茶树：里湖镇是粤东的茶叶集散地。

侨乡：里湖镇是著名侨乡。

古寨：下营古寨，辖区内古迹。

龙门桥：辖区标志性建筑。

里湖镇

棉湖

揭阳市揭西县棉湖镇，位于揭西县东部，是广东省“百千万工程”首批典型镇，面积29.87平方千米，户籍人口10.48万人，常住人口20多万人，下辖14个行政村和13个社区。棉湖镇获广东省历史文化名城、广东省中心镇等荣誉称号。

【拆】

棉：木、帛。

湖：氵、十、口、月。

【诗】

木下帛书忙，棉开三乐堂。

街口十月水，湖桥正永昌。

【注】

三乐堂：兴道书院三乐堂。

永昌：永昌古庙。

棉湖镇

隆江

揭阳市惠来县隆江镇，位于惠来县西南部，是广东省“百千万工程”首批典型镇，面积130.6平方千米，户籍人口约18.69万人，下辖35个行政村和3个社区。隆江镇获广东省文化和旅游特色镇、广东省卫生镇等荣誉称号。

【拆】

隆：降、二。

江：氵、工。

【诗】

霜降赤二湾，隆盛黄光山。

厨工有水准，江边猪脚餐。

【注】

赤二：辖区内村名。

黄光山：黄光山佛光寺。

猪脚：隆江猪脚饭，特色美食。

隆江猪脚

镇安

云浮市云安区镇安镇，位于云安区西部，是广东省“百千万工程”首批典型镇，面积110平方千米，户籍人口4.89万人，下辖13个行政村和1个社区。

【拆】

镇：钅、真。

安：宀、女。

【诗】

民乐如真金，镇定幌伞荫。

河西持家女，安居手脚勤。

【注】

民乐：辖区内村名。

幌伞：辖区内村名。

河西：辖区内村名。

滨水趣径

罗镜

云浮市罗定市罗镜镇，位于罗定市南部，是广东省“百千万工程”首批典型镇，面积161.3平方千米，户籍人口10.51万人，下辖24个行政村和1个社区。罗镜镇获广东省卫生镇、广东省历史文化名镇等荣誉称号。

【拆】	【诗】
罗：四、夕。	朝夕四时闻，罗居大将军。
镜：钅、竟。	金光远无竟，镜中奥秘寻。

【注】

将军：罗镜是著名爱国抗日将领蔡廷锴的故乡。

罗居：周围的邻居。

蔡廷锴陶塑像

六祖

云浮市新兴县六祖镇，位于新兴县中南部，是广东省“百千万工程”首批典型镇，面积187平方千米，户籍人口约6.68万人，常住人口4.12万人，下辖29个行政村和2个社区。六祖镇获广东省乡村振兴示范镇、广东省休闲农业与乡村旅游示范镇、广东省特色小镇创建工作优秀小镇等荣誉称号。

【拆】

六：丶、一、八。

祖：礻、且。

【诗】

八字一点通，六代大禅宗。

圣域且开示，祖辈龙山东。

【注】

禅宗：中国佛教宗派。

圣域：国恩寺，国家级文物保护单位，被佛教界誉为“岭南第一圣域”。

龙山：辖区内山名。

龙山塘村

建城

云浮市郁南县建城镇，位于郁南县中北部，是广东省“百千万工程”首批典型镇，面积243.17平方千米，户籍人口约4.2万人，下辖20个行政村和2个社区。建城镇获广东省乡村振兴示范镇等荣誉称号。

【拆】

建：聿、廴。

城：土、成。

【诗】

岁聿当引弓，建业路永同。

土成金菊顶，城沐黄皮风。

【注】

岁聿：岁聿云暮，一年将尽。

廴：同“引”。

永同：辖区内村名。

金菊顶：辖区内山峰名。

黄皮：建城镇有“中国无核黄皮之乡”之称。

无核黄皮生产基地

第三辑

村村欲动

紫南

佛山市禅城区南庄镇紫南村，位于南庄镇南部，是广东省“百千万工程”首批典型村，面积5.88平方千米，下辖15个自然村，20个村民小组。紫南村获全国文明村、中国十佳小康村、全国民主法治示范村、全国乡村治理示范村、广东十大美丽乡村等荣誉称号。

【拆】

紫：此、糸。

南：大、¥。

【诗】

丝竹此刻留，紫藤蔓村头。

仁善非钱大，南风满船游。

【注】

糸：同“丝”。

村头：辖区内自然村名。

仁善：紫南村文化品牌。

船游：紫南村游船“紫南船说”项目。

紫南村

南庄

佛山市禅城区南庄镇南庄村，位于南庄镇中部，是广东省“百千万工程”首批典型村，面积4.3平方千米，下辖4个自然村。南庄村通过深挖并活化“探花”文化，持续擦亮“探花故里·崇文南庄”文化品牌，获中国乡村振兴十大先锋榜样、广东省乡村治理示范村等荣誉称号。

【拆】

南：大、¥。

庄：广、土。

【诗】

偶逛钱大妈，南风暖田家。

宽广杏边土，庄园可探花。

【注】

杏边：辖区内自然村名。

探花：清代曾出过探花罗文俊，南庄村打造“探花故里·崇文南庄”文化品牌。

探花园

吉利

佛山市禅城区南庄镇吉利村，位于南庄镇中部，是广东省“百千万工程”首批典型村，面积3.5平方千米，下辖20个村民小组。吉利村通过实施“清源、固本、赋能”生态振兴三部曲，走出了一条生态优先的逆袭之路，获广东省文明村、广东省卫生村、广东省村务公开民主管理示范村等荣誉称号。

【拆】

吉：士、口。

利：禾、刂。

【诗】

院士口音浓，吉星照桥东。

田边禾刀舞，利济西街红。

【注】

院士：数学家关肇直院士。

桥东：辖区内自然村名。

田边：辖区内自然村名。

利济：指事之有益者。

西街：辖区内自然村名。

吉利村

上元

佛山市禅城区南庄镇上元村，位于南庄镇东北部，是广东省“百千万工程”首批典型村，面积2.5平方千米，下辖8个自然村。上元村以“上元舞火龙”为文化锚点，辐射生态、人文、产业三大主题带，形成“一核三带多节点”文旅格局，获广东省卫生村、广东省乡村治理示范村、广东省宜居示范村等荣誉称号。

【拆】

上：人、一。

元：二、儿。

【诗】

众人一火龙，上下忽其中。

二度花儿盛，元聚月当空。

【注】

火龙：上元舞火龙，省级非物质文化遗产。

上元舞火龙

紫洞

佛山市禅城区南庄镇紫洞村，位于南庄镇北部，是广东省“百千万工程”首批典型村，面积约2平方千米，下辖8个村民小组。紫洞村以党建引领“红色村”建设，深化“人城产文”融合战略，筑牢贤德文化精神乐园，获广东省民主法治村、广东省乡村治理示范村等荣誉称号。

【拆】

紫：此、糸。

洞：氵、同。

【诗】

此艇丝滑还，紫霞古火山。

旧圩同珠水，洞云常登贤。

【注】

艇：紫洞艇。

糸：同“丝”。

紫霞：紫霞宫。

古火山：紫洞古火山遗址。

旧圩：紫洞古圩大街。

洞云：洞云堂。相传宋代举人庞启毓在此地兴建紫霞宫和洞云堂，取其首字，以“紫洞”作为村名。

登贤：罗登贤，中国工人运动领袖。

罗登贤事迹展

黎冲

佛山市禅城区石湾镇街道黎冲村，位于石湾镇街道中部，是广东省“百千万工程”首批典型村，面积0.8平方千米。黎冲村获广东省生态示范村、广东省卫生村、广东省村务公开民主管理示范村、广东省充分就业村、广东省民主法治示范村、广东省乡村治理示范村等荣誉称号。

【拆】

黎：黍、勺。

冲：二、中。

【诗】

黍醴杯勺长，黎明迎朝阳。

状元二文中，冲天义行芳。

【注】

黍醴：以黍米酿制的酒。

杯勺：杯杓。酒杯和杓子，借喻饮酒。

二文：邑人简文会和伦文叙，皆为状元。

义行：义行可风，辖区内牌坊的牌匾。

状元文化展示馆

番村

佛山市禅城区石湾镇街道番村村，位于石湾镇街道西部，是广东省“百千万工程”首批典型村，面积约0.7平方千米，下辖3个村民小组。番村村获广东省乡村治理示范村、广东省民主法治示范村等荣誉称号。

【拆】	【诗】
番：釆、田。	采物于田间，番在此念潘。
村：木、寸。	草木知分寸，村连美陶湾。

【注】

釆（biàn）：象形字，模拟兽爪留下的印迹，引申为分辨。

番村村

大富

佛山市禅城区张槎街道大富村，位于张槎街道西部，是广东省“百千万工程”首批典型村，面积约1.8平方千米，下辖9个村民小组。大富村获全国民主法治示范村、全国无邪教创建示范村、广东省宜居村庄、广东省卫生村等荣誉称号。

【拆】

大：一、人。

富：宫、干。

【诗】

人生一窄宽，大庙观谭仙。

学宫增才干，富溪汇名川。

【注】

观谭仙：谭仙观，又称谭公庙，市级文物保护单位。

富溪：富溪公园。

富竹公园

下朗

佛山市禅城区张槎街道下朗村，位于张槎街道西北部，是广东省“百千万工程”首批典型村，面积约0.78平方千米。下朗村获全国乡村治理示范村、全国示范性老年友好型社区、广东省民主法治示范村等荣誉称号。

【拆】	【诗】
下：一、卜。	一念萝卜汤，下厨太史江。
朗：良、月。	良辰晓风月，朗润十三郎。

【注】

太史江：最后一届科举考试殿试二甲进士江孔殷，称“江太史”。

十三郎：民国时期著名编剧家江誉镠，艺名“南海十三郎”。

南海十三郎粤剧体验馆

莲塘

佛山市禅城区张槎街道莲塘村，位于张槎街道西部，是广东省“百千万工程”首批典型村，面积1.6平方千米。莲塘村获广东省乡村治理示范村等荣誉称号。

【拆】

莲：艹、连。

塘：土、唐。

【诗】

芳草连碧池，莲下鱼戏之。

弄唐出土酒，塘舞三圣狮。

【注】

土酒：陈太吉米酒。

弄唐：小巷。

三圣狮：南派舞狮中的一个流派。

莲塘村舞狮

朝东

佛山市禅城区祖庙街道朝东村，位于祖庙街道东部，是广东省“百千万工程”首批典型村，面积约1.5平方千米，下辖9个村民小组。朝东村获广东省乡村治理示范村、广东省民主法治示范村等荣誉称号。

【拆】

朝：十、早、月。

东：七、小。

【诗】

十月早起忙，朝露映大塘。

七言小诗醉，东轩连果房。

【注】

大塘：辖区内村民小组。

东轩：住房向阳的廊檐。

果房：辖区内村民小组。

朝东村

镇安

佛山市禅城区祖庙街道镇安村，位于祖庙街道东部，是广东省“百千万工程”首批典型村，面积约2.5平方千米。镇安村获广东省乡村治理示范村、佛山市乡村振兴示范村等荣誉称号。

【拆】

镇：钅、真。

安：宀、女。

【诗】

真金米艇红，镇守东门中。

邻家少女至，安渡丰收涌。

【注】

米艇：米艇头，旧墟市名。

东门：东大门，辖区内地名。

丰收涌：辖区内河涌。

镇安村

平东

佛山市南海区桂城街道平东社区，位于桂城街道东部，是广东省“百千万工程”首批典型村，面积1.73平方千米，下辖11个经济社。平东社区获广东省卫生村、广东省名村、广东省健康社区、广东省乡村治理示范村等荣誉称号。

【拆】	【诗】
平：工、丫。	玉丫雕技工，平洲墩头通。
东：力、小。	实力小到大，东方翠宝荣。

【注】

墩头：平东墩头玉器加工厂。

翠宝：2000年起，政府对玉器街进行升级改造，引入“翠宝园”项目，增加多个玉器交易中心。

平东社区

叠北

佛山市南海区桂城街道叠北社区，位于桂城街道西北部，是广东省“百千万工程”首批典型村，面积2.78平方千米，下辖6个经济社。叠北社区获全国创建学习型家庭示范社区、广东省卫生村等荣誉称号。

【拆】

叠：又、双、口、月。

北：六、乚。

【诗】

村口月又双，叠滘飘移忙。

六社共毫墨，北向车城昌。

【注】

月又双：天上之月，与水上之月（龙舟形状似月）。

叠滘飘移：叠滘龙舟飘移，全国唯一的水上弯道竞速民间体育项目。

乚：同“毫”。

六社：叠北六个经济社。

车城：叠北打造爱车小镇。

叠滘龙舟漂移

下西

佛山市南海区九江镇下西社区，位于九江镇中南部，是广东省“百千万工程”首批典型村，面积4.81平方千米。下西社区获广东省卫生村、广东省民主法治示范社区等荣誉称号。

【拆】

下：一、卜。

西：π、口。

【诗】

卜算子一章，下学礼山堂。

桑围口气派，西风吹蚕房。

【注】

卜算子：词牌名。

下学：指学习人情事理的基本常识。

礼山堂：礼山草堂。

桑围：桑园围。下西社区位于桑园围文化带核心区。

π：音“派”。

蚕房：下西社区将闲置的旧蚕房充分盘活利用。

下西社区（梁兆林供图）

水南

佛山市南海区九江镇水南社区，位于九江镇北部，是广东省“百千万工程”首批典型村，面积2.29平方千米，下辖11个经济社。水南社区获广东省乡村治理示范村等荣誉称号。

【拆】

水：小、八。

南：十、¥、1、丁。

【诗】

小园八达通，水清平沙涌。

钱一丁便士，南野莘深中。

【注】

清平：辖区内村民小组名。

沙涌：辖区内村民小组名。

莘深：辖区内村民小组名。

水南社区

儒溪

佛山市南海区西樵镇儒溪村，位于西樵山南麓，是广东省“百千万工程”首批典型村，面积9.6平方千米，下辖6个自然村，21个经济社。儒溪村获广东省乡村治理示范村、广东省民主法治示范村等荣誉称号。

【拆】

儒：亻、需。

溪：氵、奚。

【诗】

世人需传扬，儒林首第强。

江边水奚去，溪方井留香。

【注】

儒林首第：儒溪八景之一。

江边：辖区内村民小组名。

方井留香：儒溪八景之一。

蝶美公园

仙岗

佛山市南海区丹灶镇仙岗社区，位于丹灶镇西部，是广东省“百千万工程”首批典型村，面积约4.5平方千米，下辖4个经济社。仙岗社区获广东省文化和旅游特色村、佛山市十大最具乡愁美丽乡村等荣誉称号。

【拆】

仙：人、山。

岗：川、一、冈。

【诗】

高人隐山中，仙钵忆葛洪。

一川绕冈过，岗泉响叮咚。

【注】

仙钵：相传东晋葛洪在此炼丹并遗留下一丹钵，因此被称为仙岗。

泉：仙迹丹泉，相传东晋葛洪炼丹时曾在仙迹丹泉清洗草药，又名“洗药井”。

仙岗社区

良登

佛山市南海区丹灶镇良登村，位于丹灶镇中部，是广东省“百千万工程”首批典型村，面积约4.5平方千米，下辖3个经济社。良登村获全国民主法治示范村、广东省卫生村等荣誉称号。

【拆】

良：白、从。

登：又、廾、豆。

【诗】

白云从孔边，良匠澹浦传。

豆田又氢草，登攀献夫篇。

【注】

孔边：辖区内村民小组名。

澹浦：陈澹浦，对中国近代机械装备制造业有重大影响。

献夫：方献夫，明代官员。

良登村

高边

佛山市南海区狮山镇高边社区，位于狮山镇东部，是广东省“百千万工程”首批典型村，面积2.17平方千米，下辖5个自然村，7个经济社。高边社区获中国传统村落、广东省古村落等荣誉称号。

【拆】

高：广、口、可。

边：力、之。

【诗】

广口味可鲜，高楼璜溪前。

晴朗心之力，边郊曾稻田。

【注】

璜溪：辖区内村民小组。

朗心：辖区内村民小组。

稻田：高边社区是佛山市南海区水稻高产示范基地。

六溪公园

凤池

佛山市南海区大沥镇凤池社区，位于大沥镇西部，是广东省“百千万工程”首批典型村，面积1.45平方千米，下辖4个经济社。凤池社区获广东省民主法治村、广东省最美志愿服务社区等荣誉称号。

【拆】	【诗】
凤：又、几。	时几久又长，凤栖金走廊。
池：氵、也。	水清花也美，池映光裕堂。

【注】

时几：时期，时日。

金走廊：广佛黄金走廊。

光裕堂：辖区内祠堂，市级文物保护单位。

光裕堂

大镇

佛山市南海区大沥镇大镇社区，位于大沥镇西南部，是广东省“百千万工程”首批典型村，面积3.5平方千米，下辖7个自然村，11个经济社。大镇社区以生态振兴带动产业振兴，以党建引领筑起共治格局，迈出了大镇特色的乡村振兴步调。

【拆】

大：一、人。

镇：钅、真。

【诗】

水边有一人，大书同庆文。

真金出民建，镇中花缤纷。

【注】

同庆：同庆大道。

民建：辖区内村民小组名。

花缤纷：网红景点朝阳花海。

朝阳花海

赤山

佛山市南海区里水镇赤山村，位于里水镇中部，是广东省“百千万工程”首批典型村，面积1.86平方千米，下辖4个经济社。赤山村获广东省卫生村、广东省宜居示范村等荣誉称号。

【拆】

赤：土、小、丿。

山：一、川。

【诗】

撇土小大同，赤艳火光荣。

一川绕村至，山高仙气浓。

【注】

火光：跳火光，市级非物质文化遗产。

跳火光（里水镇宣传文体旅游和教育办公室供图）

流潮

佛山市南海区里水镇流潮社区，位于里水镇东南部，是广东省"百千万工程"首批典型村，面积3.2平方千米，下辖5个经济社。流潮社区获全国综合减灾示范社区、广东省卫生村、广东省宜居示范村等荣誉称号。

【拆】

流：三、云、川。

潮：氵、朝。

【诗】

云川三春晖，流光溢新围。

朝露映水口，潮起花海归。

【注】

新围：辖区内村民小组名。

水口：辖区内村民小组名。

流潮社区

五沙

佛山市顺德区大良街道五沙社区，位于大良街道东部，是广东省“百千万工程”首批典型村，面积11平方千米。五沙社区营造“人城产”共生共荣的良好生态，聚集企业超500家，员工超5万人，其中规模以上企业194家、国家高新技术企业148家。

【拆】

五：二、力。

沙：氵、少。

【诗】

二产实力雄，五马奔腾中。

来水多或少，沙岸显其功。

【注】

二产：第二产业。

沙岸：冲积形成的五块沙岸是五沙的起源。

五沙工业园区

细滘

佛山市顺德区容桂街道细滘社区，位于容桂街道南部，是广东省“百千万工程”首批典型村，面积4.5平方千米。细滘社区主要为物流、五金产业，是“中国盆景名镇”容桂园林盆景文化的集中展示区域。

【拆】

细：纟、田。

滘：氵、空、口。

【诗】

丝雨润官田，细节盆景仙。

八方口空静，滘清撑小船。

【注】

官田：辖区内居民小组名。

盆景：细滘是盆景名村。

合园

三洲

佛山市顺德区伦教街道三洲社区，位于伦教街道东北端，是广东省“百千万工程”首批典型村，面积11.3平方千米。三洲社区以“文脉三洲”为主题，积极挖掘和培育社区内优秀文化资源，打造“乌洲拾光·水乡情怀”等文旅项目，引进大湾区优质珠宝产业资源，扎实推进生态宜居美丽乡村建设。

【拆】

三：一、二。

洲：氵、川、八、丶。

【诗】

红豆一二声，三里兰园馨。

八点观川水，洲沃长鹿亲。

【注】

红豆：南国红豆，指粤剧。

兰园：载兰园。著名粤剧演员千里驹的故居。

长鹿：长鹿园区。

三洲村

羊额

佛山市顺德区伦教街道羊额村，位于伦教街道西北部，是广东省“百千万工程”首批典型村，面积约4.8平方千米。羊额村聚集了顺德银星、银河兰晶等一批高新技术企业，也拥有鸣石花园等一批历史古建，推出了“文武学堂”“书香羊额读书季”等一系列文化品牌，以“产业+文旅”融合出新彩。

【拆】

羊：¥、+。

额：客、页。

【诗】

本钱加芳华，羊鉴香云纱。

访客满册页，额题书院家。

【注】

额题：匾额上的题字。

书院：羊额书院。

羊额书院

黄连

佛山市顺德区勒流街道黄连社区，位于勒流街道东北部，是广东省“百千万工程”首批典型村，面积3.65平方千米。黄连社区从凝聚民心、产业培育、文化营造、环境治理等多角度入手，有机融合黄连古韵和创新元素，打造文化产业、美食旅游、水乡古韵三位一体的综合文旅小镇。

【拆】

黄：共、由。

连：车、之。

【诗】

圣庙共原由，黄昏文阁楼。

进士之车去，连溪多茧绸。

【注】

圣庙：仓沮圣庙，为纪念汉字创始人仓颉、沮诵而建的庙宇。

文阁：黄连文阁。

进士：科举时代，黄连共出了11位进士、25位举人。

连溪：黄连旧称。

茧绸：黄连蚕丝是蚕丝中的极品。

黄连村

江义

佛山市顺德区勒流街道江义村，位于勒流街道北部，是广东省“百千万工程”首批典型村，面积4.7平方千米。江义村获2014中国最美村镇·循环发展奖、广东省文明村、广东省民主法治示范村等荣誉称号。

【拆】

江：氵、工。

义：十、丶。

【诗】

水美工笔惊，江桥边饮冰。

十足可圈点，义气亦怡情。

【注】

桥边饮冰：老字号桥边冰室。

怡情：怡情公园，江义较早的标志性建筑。

江义村

龙眼

佛山市顺德区勒流街道龙眼村，位于勒流街道东南部，是广东省“百千万工程”首批典型村，面积约4.88平方千米。龙眼村获广东省乡村治理“百镇千村”示范村、广东省文化和旅游特色村等荣誉称号。

【拆】

龙：九、小。

眼：目、艮。

【诗】

小溪齐九艘，龙舟出埠头。

艮隅极目处，眼界高一筹。

【注】

九艘：八龙一凤，村内的九条龙舟。

埠头：石狮埠头。

艮隅：指东北方、东北角。

“龙眼点睛”活动

仙涌

佛山市顺德区陈村镇仙涌村，位于陈村镇东部，是广东省“百千万工程”首批典型村，面积5.2平方千米。下辖6个村民小组。仙涌村获全国乡村治理示范村、中国美丽休闲乡村、广东省卫生村、广东省生态示范村等荣誉称号。

【拆】

仙：亻、山。

涌：氵、又、用。

【诗】

高人出深山，仙气满桔园。

墨水又常备，涌泊耕读船。

【注】

桔园：仙涌村种植年桔的历史悠久。

耕读：耕读文化。仙涌村以“耕读传家，美丽仙涌”的发展理念，打造“耕读传家”文化名片。

大型年桔吉祥物

碧江

佛山市顺德区北滘镇碧江社区，位于顺德区东北部，是广东省“百千万工程”首批典型村，面积8.9平方千米，下辖12个居民小组。碧江社区同时拥有中国历史文化名村和中国传统村落2个国家级称号，有18处省、市级文物保护建筑，2个广东省历史文化街区。

【拆】

碧：一、土、白、石。

江：氵、工。

【诗】

一石沙土白，碧岗金楼开。

蚕工水艇过，江边德云来。

【注】

石：旧时计量单位。

金楼：原名赋鹤楼，碧江苏氏望族职方第中的藏书楼。

德云：德云桥，区级文物保护单位。

碧江金楼古建筑群一角

大墩

佛山市顺德区乐从镇大墩村，位于乐从镇东北部，是广东省“百千万工程”首批典型村，面积2.8平方千米，下辖8个村民小组。大墩村创新“153工作法”，以成立乐墩物管公司为关键一招，实现村集体经济发展和村居长效管护的双赢，走出了一条乡村振兴的新路子。

【拆】

大：一、人。

墩：土、敦。

【诗】

一人志不孤，大城有明珠。

乡土敦怀友，墩红深川湖。

【注】

怀友：怀友家塾。

墩红深川湖：大墩村对原深川湖上的危桥进行活化提升，着以红色，取名“龙桥”。

大墩村

左滩

佛山市顺德区龙江镇左滩村，位于龙江镇南部，是广东省“百千万工程”首批典型村，面积5.48平方千米，下辖20个村民小组。左滩村获广东省民主法治示范村等荣誉称号。

【拆】

左：十、工。

滩：氵、难。

【诗】

工场十余方，左起麻洲岗。

难忘甘竹水，滩下两拱长。

【注】

麻洲岗：距今3500年的麻洲岗遗址，是顺德文明的源头。

甘竹：甘竹溪，以盛产三黎鱼（鲥鱼）闻名。

滩下两拱：见龙桥、见凤桥，被称为“滩下两拱”。

甘竹滩水电站

古朗

佛山市顺德区杏坛镇古朗村，位于杏坛镇西北部，是广东省“百千万工程”首批典型村，面积5.42平方千米。古朗村历史文化底蕴深厚，村内文物保护单位共11个，百年古树达100余棵，获广东省民主法治示范村等荣誉称号。

【拆】

古：十、口。

朗：良、月。

【诗】

窗口十分钟，古舟飞引龙。

跨鳌映良月，朗天赏芙蓉。

【注】

舟飞引龙：飞舟引龙，古朗八景之一。

跨鳌映良月：跨鳌映月，古朗八景之一。

芙蓉：永安芙蓉，古朗八景之一。

古朗村

沙头

佛山市顺德区均安镇沙头社区，位于均安镇南部，是广东省“百千万工程”首批典型村，面积2.33平方千米，下辖8个自然村，2个居民小组。沙头社区获广东省乡村治理示范村等荣誉称号。

【拆】

沙：氵、少。

头：大、二。

【诗】

水边少年郎，沙路聚鹅洋。

二八姑娘大，头梳冰玉堂。

【注】

沙路：辖区内自然村名。

鹅洋：辖区内自然村名。

冰玉堂：辖区内建筑，省级文物保护单位。

沙头社区（均安镇宣传文体旅游和教育办公室供图）

石洲

佛山市高明区荷城街道石洲村，位于荷城街道西北部，是广东“百千万工程”首批典型村，面积9.23平方千米。石洲村全村无工业，以花卉种植、高殖鱼养殖为主要支柱产业，获全国文明村等荣誉称号。

【拆】

石：人、口。

洲：氵、州。

【诗】

人口如花繁，石耀凌云山。

神州江河水，洲聚竹寨南。

【注】

凌云山：辖区内山名。

竹寨：辖区内自然村名。

石洲村（荷城街道宣传文体旅游和教育办公室供图）

南洲

佛山市高明区荷城街道南洲村，位于荷城街道西北部，是广东“百千万工程”首批典型村，面积约11.8平方千米。南洲村大力发展花卉种植，打造大型水产养殖基地，入选广东省“四季村晚”示范展示点，走出一条“美丽经济”的特色发展之路。

【拆】

南：幸、i、J。

洲：氵、州。

【诗】

爱幸时机真，南塘肚行神。

府州水兴寨，洲里有高人。

【注】

i：音“爱”。

J：音“机”。

塘肚行神：辖区内传统民俗活动，每年正月十五举行。

南洲村

文典

佛山市高明区明城镇文典村，位于明城镇南部，是广东省“百千万工程”首批典型村，面积3.48平方千米。文典村获全国民主法治示范村、全国综合减灾示范社区、全国老年友好型社会、广东省乡村治理示范村等荣誉称号。

【拆】

文：义、一。

典：曲、八。

【诗】

仁义诸归一，文章伴鹅鸡。

八里皆曲水，典藏多富硒。

【注】

富硒：富硒米，辖区特产。

文典村（明城镇宣传文体旅游和教育办公室供图）

明南

佛山市高明区明城镇明南村，位于明城镇南部，是广东省“百千万工程”首批典型村，面积15平方千米，下辖13个村民小组。明南村以“共建、共享、共富”不断深化绿美乡村建设，精心打造“十里果香·锦绣明南”品牌，打造具有地域特色的乡村建设模式，推动打造和美乡村新样板。

【拆】

明：日、月。

南：幸、1、丁。

【诗】

古柳日月芳，明朝看村庄。

园丁一逢幸，南风吹果香。

【注】

古柳：辖区内村民小组名。

明南村（明城镇宣传文体旅游和教育办公室供图）

明阳

佛山市高明区明城镇明阳村，位于明城镇中心区域，是广东省“百千万工程”首批典型村，面积13.4平方千米。明阳村是中组部、财政部确定的红色村组织振兴建设试点，获全国文明村、广东省民主法治示范村、广东省乡村治理示范村等荣誉称号。

【拆】

明：日、月。

阳：阝、口、一。

【诗】

日月照沧江，明塔唤文昌。

耳口专一顺，阳耀三谭光。

【注】

沧江：高明的母亲河。

文昌：文昌塔。

三谭：“革命三谭”，指谭平山、谭植棠、谭天度，中国共产党早期党员。

“三谭”纪念馆

石塘

佛山市高明区明城镇石塘村，位于明城镇西北部，是广东省“百千万工程”首批典型村，面积5.9平方千米，下辖5个自然村。石塘村获广东省民主法治示范村、广东省乡村治理示范村等荣誉称号。

【拆】

石：万、一。

塘：土、唐。

【诗】

万物一网联，石喜见花田。

弄唐多泥土，塘引官迳边。

【注】

花田：花田喜事。

弄唐：小巷。

官迳：官迳水库。

花田喜事（明城镇宣传文体旅游和教育办公室供图）

石水

佛山市高明区杨和镇石水村，位于杨和镇东南部，是广东省“百千万工程”首批典型村，面积65.7平方千米，下辖20个村民小组。石水村获广东省民主法治示范村、广东省乡村治理示范村等荣誉称号。

【拆】

石：入、口。

水：小、八。

【诗】

入口雾蒙蒙，石立第一峰。

小村八方客，水库名西坑。

【注】

第一峰：皂幕山，有“佛山第一峰”之称。

西坑：西坑水库。

皂幕山（杨和镇宣传文体旅游和教育办公室供图）

白洞

佛山市高明区更合镇白洞村，位于更合镇西南部，是广东省“百千万工程”首批典型村，面积约15平方千米，下辖10个自然村。白洞村把“发展特色农业”作为全村特色产业的主攻方向来抓，持续发展打造“高明红”茶叶品牌。

【拆】	【诗】
白：宀、口。	家乡口味浓，白心粉葛松。
洞：氵、同。	马尾水同路，洞藏高明红。

【注】

马尾水：马尾水瀑布。

高明红：茶叶品牌。

白洞村（更合镇宣传文体旅游和教育办公室供图）

小洞

佛山市高明区更合镇小洞村，位于更合镇中部，是广东省“百千万工程”首批典型村，面积15.8平方千米，下辖6个自然村。小洞村获全国文明村、全国村级议事协商创新试点、广东省文化和旅游特色村等荣誉称号。

【拆】

小：八、J。

洞：氵、同。

【诗】

机缘八面兜，小村文选楼。

四水同归处，洞田庆丰收。

【注】

J：音“机”。

文选楼：辖区内建筑。

文选楼（更合镇宣传文体旅游和教育办公室供图）

平塘

佛山市高明区更合镇平塘村，位于更合镇东南部，是广东省“百千万工程”首批典型村，面积超34平方千米。平塘村积极探索“农业+旅游+文化”的融合发展模式，打造彰显其特色的红色旅游产业及农产品品牌，加快建设既有乡土韵味又具现代气息的美丽乡村。

【拆】

平：八、十、一。

塘：土、唐。

【诗】

一路十八弯，平湖现福山。

唐风吹陇土，塘蛟过榄田。

【注】

福山：福山水库。

陇：陇村，辖区内自然村名。

塘蛟：蛟塘，辖区内自然村名。

榄田：辖区内自然村名。

平塘村（更合镇宣传文体旅游和教育办公室供图）

江根

佛山市三水区西南街道江根村，位于西南街道西北部，是广东省“百千万工程”首批典型村，面积19.8平方千米，下辖24个自然村。江根村获广东省休闲农业与乡村旅游示范点等荣誉称号。

【拆】

江：氵、工。

根：木、艮。

【诗】

工匠出水边，江汇昆都前。

艮隅金本木，根深更思贤。

【注】

昆都：昆都山。

艮隅：指东北方、东北角。

金本：三水区地名。

思贤：思贤滘。

江根村（西南街道供图）

青岐

佛山市三水区西南街道青岐村，位于西南街道西部，是广东省“百千万工程”首批典型村，面积26.5平方千米，下辖19个自然村。青岐村获全国乡村特色产业亿元村、广东省民主法治示范村等荣誉称号。

【拆】

青：十、二、月。

岐：山、+、又。

【诗】

十二月如盘，青塘鱼儿欢。

山水又加彩，岐岛换新颜。

【注】

青塘：青岐鱼塘资源丰富。

岐岛：青岐地形。

下辖阁美村（西南街道供图）

石湖洲

佛山市三水区云东海街道石湖洲村，位于云东海街道东南部，是广东省“百千万工程”首批典型村，面积1平方千米，下辖5个自然村。石湖洲村的邓培故居入选广东省第二批革命文物名录。

【拆】

石：入、口。

湖：沽、月。

洲：氵、州。

【诗】

石榴入口酥，湖中月下沽。

府州多水路，洲聚英雄出。

【注】

英雄：邓培，中国共产党早期工人运动领袖。

邓培故居（云东海街道供图）

杨梅

佛山市三水区云东海街道杨梅村，位于云东海街道北部，是广东省“百千万工程”首批典型村，面积13.12平方千米。杨梅村获广东省文化和旅游特色村、广东省民主法治示范村、广东省乡村振兴示范镇村、佛山市“百千万工程”先进村居等荣誉称号。

【拆】

杨：木、一、勿。

梅：十、人、每。

【诗】

一木勿畏单，杨柳依福田。

十人每组队，梅开叠院前。

【注】

福田：辖区内自然村名。

叠院：一处改造的私房菜馆。

百福山（云东海街道供图）

富景

佛山市三水区白坭镇富景社区，位于白坭镇北部，是广东“百千万工程”首批典型村，面积28.1平方千米，下辖34个村民小组。富景社区获全国全面小康乡村振兴十大示范村、广东省宜居社区、广东省文化和旅游特色村等荣誉称号。

【拆】

富：宫、一、十。

景：日、京。

【诗】

宫调十一秋，富贫同灶头。

京华回乡日，景明聚贤楼。

【注】

宫调：古乐调。

灶头：辖区旧行政村名。

聚贤楼：辖区内建筑，展现白坭乡贤文化和城市精神。

富景社区（白坭镇供图）

新旗

佛山市三水区乐平镇新旗村，位于乐平镇东部，是广东“百千万工程”首批典型村，面积约8.27平方千米，下辖3个自然村。新旗村获广东省休闲农业与乡村旅游示范镇等荣誉称号，辖区内大旗头古村入选首批国家级历史文化名村，被誉为“广东第一村”，是华南地区保存最完好、最有代表性的清代民居建筑群落。

【拆】

新：立、析。

旗：方、人、其。

【诗】

析耕立门楣，新村始振威。

方圆其人志，旗头彩云飞。

【注】

析耕：分家、立户。

振威：振威将军郑绍忠，大旗头古村的始建者。

旗头：大旗头古村，2004年被广东省文化厅评为“广东第一村”。

大旗头古村（乐平镇供图）

源潭

佛山市三水区乐平镇源潭村，位于乐平镇中部，是广东“百千万工程”首批典型村，面积约14.62平方千米，下辖17个自然村。源潭村获广东省卫生村等荣誉称号。

【拆】

源：氵、原。

潭：汁、西、日。

【诗】

山水原自飞，源远古祠威。

西脑汁抗日，潭映纪念碑。

【注】

西脑汁：西，粤语谐音，浪费之意。指抗日除了勇敢，还要靠智慧。

纪念碑：三水人民抗日纪念碑。

源潭三水人民抗日纪念碑（乐平镇供图）

莘田

佛山市三水区大塘镇莘田村，位于大塘镇东南部，是广东省“百千万工程”首批典型村，下辖7个自然村。莘田村获评全国文明村、全国综合减灾示范村、广东省水产养殖专业村、广东省民主法治示范村、广东省乡村治理示范村、广东省专业村等荣誉称号。

【拆】

莘：艹、辛。

田：十、口。

【诗】

辛勤锄草忙，莘莘进士郎。

渡口十余里，田田通大塘。

【注】

进士：清末莘田村出了 3 个进士。

莘田村（大塘镇供图）

独树岗

佛山市三水区芦苞镇独树岗村，位于芦苞镇中部，是广东“百千万工程”首批典型村，面积19.34平方千米。独树岗村获中国传统村落、广东乡村治理示范村等荣誉称号。

【拆】

独：犭、虫。

树：木、对。

岗：山、冈。

【诗】

独犬性如虫，树木对长空。

庙前山冈菜，岗临秀清风。

【注】

犭：同“犬”。

庙前：辖区内村民小组名。

菜：独树岗以蔡氏聚居闻名。

秀清：秀清公园，纪念蔡氏始祖蔡秀清。

孝善文化节

六和

佛山市三水区南山镇六和村，位于南山镇南部，是广东省“百千万工程”首批典型村，面积65.93平方千米，是佛山市面积最大的行政村，下辖97个村民小组。六和村获广东省卫生村、广东省乡村治理示范村等荣誉称号。

【拆】

六：丶、一、八。

和：禾、口。

【诗】

八点一日金，六方客家音。

禾生楼房口，和风拂衣襟。

【注】

客家音：六和是佛山客家人聚居最集中的地方，周围被说粤语人包围。

禾生：辖区原行政村名。

楼房：辖区原行政村名。

六和村（南山镇供图）

特辑

佛山在行动

石湾

佛山市禅城区石湾镇街道，位于禅城区东南部，面积28.32平方千米，常住人口38.4万人，下辖11个行政村和29个社区。石湾镇街道获中国民间文化艺术之乡、中国十大魅力名镇、中国不锈钢名镇等荣誉称号。

【拆】

石：厂、口。

湾：氵、弯。

【诗】

酒厂近渡口，石砖垒古窑。

躬弯状元水，湾宁出美陶。

【注】

酒厂：石湾酒厂。

古窑：南风古灶。

状元：黎冲状元村。

美陶：美陶湾。

南风古灶

张槎

佛山市禅城区张槎街道，位于禅城区中西部，面积28.7平方千米，常住人口约29.7万人，下辖15个行政村和10个社区。张槎街道逐步形成以高端装备制造、电子信息、生物医药、时尚针织、现代服务五大产业为主的现代化产业体系，有“中国针织名镇”之称。

【拆】

张：弓、长。

槎：木、差。

【诗】

墨韵长弓手，张灯满村头。

竹木参差立，槎仙游沙口。

【注】

墨韵：张槎是书法之乡。

村头：辖区内村名。

沙口：辖区内地名。

张槎街道

祖庙

佛山市禅城区祖庙街道，位于禅城区东北部，面积约21.5平方千米，常住人口约42万人，下辖59个行政村（居）。祖庙街道获新时代·中国最美文化魅力小镇、新时代·中国文旅融合创新示范街道等荣誉称号。

【拆】

祖：礻、且。

庙：广、由。

【诗】

且看诸示范，祖训兆隆昌。

自由兼宽广，庙高有主张。

【注】

庙：佛山祖庙。

祖庙

桂城

佛山市南海区桂城街道，位于南海区东部，面积84.16平方千米，常住人口约100万人，下辖45个社区。桂城街道协同打造千灯湖中央活力区、映月湖中央人文区、文翰湖中央科创区，全面增强中心城区引领辐射带动能力，以人文为引领加速冲刺“千亿镇街”。

【拆】

桂：木、土、土。

城：十、㇀、成。

【诗】

木从土中生，桂香石硝风。

提质成十倍，城央亮千灯。

【注】

石硝：辖区内社区名。

千灯：千灯湖，辖区内景点。

千灯湖

九江

佛山市南海区九江镇，位于南海区最南端，是广东省“百千万工程”第二批典型镇，面积94.75平方千米，常住人口24.9万人，下辖7个行政村和20个社区。九江镇获中国龙舟名镇、中国百强镇、全国乡村治理示范乡镇、广东省教育强镇等荣誉称号。

【拆】

九：十、几。

江：氵、工。

【诗】

名儒十几人，九字配先生。

工坊多临水，江边叹双蒸。

【注】

九字配先生：名儒朱九江。

双蒸：九江双蒸米酒。

桑基鱼塘

西樵

佛山市南海区西樵镇，位于南海区西南部，是广东省“百千万工程”第二批典型镇，面积176.63平方公里，常住人口33.21万人，下辖9个行政村和24个社区。西樵镇获中国历史文化名镇、中国面料名镇、中国龙狮名镇、中国民间文化艺术之乡、中国百强镇、广东省文明镇等荣誉称号。

【拆】

西：π、口。

樵：木、焦。

【诗】

渡口新气派，西岸念松塘。

焦红木棉艳，樵园听音忙。

【注】

π：音“派”。

西岸：辖区内社区名。

松塘：辖区内地名。

樵园：辖区内社区名。

听音：听音湖。

西樵镇

丹灶

佛山市南海区丹灶镇，位于南海区西部，是广东省“百千万工程”第二批典型镇，面积143.5平方千米，常住人口23.94万人，下辖28个村居。丹灶镇获中国日用五金之都、中国百强镇、全国文明镇、国家生态镇、国家卫生镇、广东省乡村治理示范镇等荣誉称号。

【拆】

丹：刀、丶、丶、一。

灶：火、土。

【诗】

一刀点风雷，丹心系有为。

葛洪炼火土，灶边蟹泉迴。

【注】

有为：康有为。

葛洪：相传葛洪在此炼丹。

蟹泉：蟹眼泉。

康园

狮山

佛山市南海区狮山镇，位于南海区中部，是广东省“百千万工程”第二批典型镇，面积336.24平方千米，常住人口120万人，下辖28个行政村和55个社区。狮山镇是千亿产业大镇，连续五年蝉联“中国镇域高质量发展500强”榜首，正坚持“双中心”战略，推动“五城”协同发展，全力打造华南产业高地、湾区梦想家园。

【拆】

狮：犭、师。

山：彐。

【诗】

犬亦善师仰，狮舞震松岗。

仙溪雾似雪，山间有小塘。

【注】

犭：同“犬”。

师仰：师法敬仰，尊奉。

松岗：辖区内地名。

小塘：辖区内地名。

仙溪：仙溪水库。

彐：曾为雪的简化字。

博爱湖

大沥

佛山市南海区大沥镇，位于南海区东部，是广佛交界的产业大镇，面积91.64平方千米，常住人口78.96万人，下辖27个行政村和15个社区。大沥镇获中国有色金属名镇、中国铝材第一镇、中国内衣名镇、中国商贸名镇等荣誉称号。

【拆】

大：十、八。

沥：氵、历。

【诗】

十八盐步衣，大镇多商机。

水头铜历铁，沥沥黄竹岐。

【注】

盐步：辖区内村名。

大镇：辖区内村名。

水头：辖区内村名。

黄竹岐：辖区内旧地名。

大沥镇

大良

佛山市顺德区大良街道，位于顺德区中东部，别名“凤城”，面积80.29平方千米，户籍人口30.78万人，下辖2个行政村和19个社区。大良街道有“食在广州，厨出凤城”之称，获中华餐饮名镇、中国曲艺之乡等荣誉称号。

【拆】

大：一、人。

良：丶、艮。

【诗】

高人一扎堆，大赋锦湖归。

艮山点金榜，良辰沐清晖。

【注】

锦湖：大良旧名。

金榜：辖区内地名。

清晖：清晖园，广东四大名园之一。

清晖园

容桂

佛山市顺德区容桂街道，位于顺德区南部，面积80.27平方千米，户籍人口27.91万人，常住人口57.69万人，下辖3个行政村和23个社区。容桂街道获中国品牌名镇、中华美食名镇等荣誉称号。

【拆】

容：宀、谷。

桂：木、圭。

【诗】

家中谷物实，容光马冈奇。

圭木硬道理，桂舟扁滘移。

【注】

马冈：辖区内村名。

扁滘：辖区内社区名。

硬道理：邓小平同志“发展才是硬道理”这一著名论断的提出地在容桂。

容桂渔人码头

伦教

佛山市顺德区伦教街道，位于顺德区东部，面积59.3平方千米，户籍人口11.07万人，下辖8个行政村和2个社区。伦教街道获中国珠宝玉石首饰特色产业基地、中国木工机械重镇、中国玻璃机械重镇等荣誉称号。

【拆】

伦：亻、仑。

教：孝、攵。

【诗】

人志昆仑豪，伦绝欢姐糕。

孝乃文之首，教学莨纱袍。

【注】

欢姐糕：欢姐伦教糕，特色美食。

莨纱：伦教莨纱，香云纱的一种。

香云纱基地

勒流

佛山市顺德区勒流街道，位于顺德区中部，面积90.78平方千米，户籍人口超13万人，下辖17个行政村和5个社区。勒流街道扛起“工业强镇”担当，新旧动能双轮驱动，主动拥抱“黄金内湾”，建设近悦远来、宜居宜业的城市，奋力推动“顺德中部突围崛起”全面起势。

【拆】

勒：革、力。

流：氵、充、1。

【诗】

革新力要通，勒北木棉红。

南水充一野，流见扶闾龙。

【注】

扶闾：辖区内村名。

北村渡口

陈村

佛山市顺德区陈村镇，位于顺德区北部，是广东省“百千万工程”第二批典型镇，面积50.7平方千米，常住人口约24.17万人，下辖7个行政村和8个社区。陈村镇素有“中国花卉第一镇”“千年花乡”等美誉，在历史上是“广东四大名镇”之一。

【拆】

陈：阝、东。

村：木、寸。

【诗】

东风吻耳嘟，陈粉出米墟。

花木寸心意，村诵人之初。

【注】

陈粉：陈村粉，特色美食。

花木：辖区有花卉世界。

人之初：《三字经》的首句，陈村是作者区适子的故乡。

陈村镇

乐从

佛山市顺德区乐从镇，位于顺德区北部，是广东省“百千万工程”第二批典型镇，面积78平方千米，常住人口约37.6万人，下辖19个行政村和7个社区。乐从镇获国家卫生镇、全国群众体育先进单位、国家水利风景区、广东省教育强镇、广东省文明镇等荣誉称号。

【拆】

乐：厂、小。

从：人、人。

【诗】

工厂小变大，乐见家具城。

人人齐平步，从师到水藤。

【注】

平步：辖区内地名。

水藤：辖区内地名。

乐从镇

龙江

佛山市顺德区龙江镇，位于顺德区西部，是广东省“百千万工程”第二批典型镇，面积73.8平方千米，常住人口约34万人，下辖13个行政村和10个社区。龙江镇获国家卫生镇、国家级生态乡镇、广东省技术创新专业镇、广东省知识产权试点区域、广东省教育强镇、广东省历史文化名镇等荣誉称号。

【拆】

龙：十、七、丶。

江：氵、工。

【诗】

十七点旺岗，龙腾仙塘南。

船工善击水，江迴甘竹滩。

【注】

旺岗：辖区内村名。

仙塘：辖区内村名。

甘竹滩：辖区内地名。

甘竹滩洪潮发电站

杏坛

佛山市顺德区杏坛镇，位于顺德西南部，是广东省“百千万工程”第二批典型镇，面积122平方千米，常住人口约24万人，下辖24个行政村和6个社区。杏坛镇获广东省生态示范镇等荣誉称号。

【拆】	【诗】
杏：木、口。	村口泛木舟，杏映桑基塘。
坛：土、云。	青田云低土，坛庙状元郎。

【注】

青田：辖区内地名。

状元：历史上广东共出 9 名状元，杏坛独占其二。

杏坛镇

均安

佛山市顺德区均安镇，位于顺德西南部，是广东省"百千万工程"第三批典型镇，面积79.45平方千米，下辖5个行政村和8个社区。均安镇获全国环境优秀乡镇、国家级生态乡镇、广东省生态示范镇、广东省级旅游度假区、广东省休闲农业与乡村旅游示范镇等荣誉称号。

【拆】

均：土、匀。

安：宀、女。

【诗】

凫河土沙匀，均念李小龙。

家中女人乐，安康且源逢。

【注】

凫河：凫洲河，均安的母亲河。

李小龙乐园

荷城

佛山市高明区荷城街道，位于高明区东部，面积179.02平方千米，户籍人口17.48万人，常住人口约29.03万人，下辖15个行政村和16个社区。荷城街道着重培育高端装备制造、先进材料、新能源汽车、数字经济四大战新产业集聚发展。

【拆】

荷：艹、亻、可。

城：土、万、戈。

【诗】

花草多可人，荷枕沧江云。

金戈土千万，城中灵龟神。

【注】

沧江：沧江河。

灵龟：灵龟塔。

荷城街道（荷城街道宣传文体旅游和教育办公室供图）

杨和

佛山市高明区杨和镇，位于高明区中部，是广东省“百千万工程”第二批典型镇，面积228.83平方千米，户籍人口4.66万人，常住人口7.82万人，下辖7个行政村和3个社区。杨和镇获国家级生态乡镇、国家卫生镇、广东省金属材料专业镇等荣誉称号。

【拆】

杨：木、昜。

和：禾、口。

【诗】

时昜古木秋，杨浴皂幕头。

晚禾对川口，和风鹭湖游。

【注】

皂幕：皂幕山。

对川：辖区内村名。

鹭湖：辖区内度假酒店。

杨和镇（杨和镇宣传文体旅游和教育办公室供图）

更合

佛山市高明区更合镇，位于高明区西部，是广东省“百千万工程”第三批典型镇，面积346.87平方千米，户籍人口约7.2万人，常住人口约5.4万人，下辖19个行政村和3个社区。更合镇紧抓“广州新机场”建设机遇，全力打造“临空经济新中心，产城共融新更合”。

【拆】

更：又、日。

合：人、一、口。

【诗】

又闻抗日事，更上老香山。

众人一口井，合水汇一湾。

【注】

老香山：辖区内山名。

合水：辖区内社区名。

更合镇（更合镇宣传文体旅游和教育办公室供图）

西南

佛山市三水区西南街道，位于三水区中南部，面积149.68平方千米，户籍人口约21万人，常住人口约36万人，下辖8个行政村和12个社区。西南街道立足“水韵西南，三江上城”定位，大力发展沿链经济、总部经济、枢纽经济、文旅经济，全力打造产城人文融合新标杆，被誉为“中国饮料之都”。

【拆】

西：π、口。

南：十、冂、¥。

【诗】

派头并口稳，西月桂花闻。

钱资拾冂野，南云秀江根。

【注】

π：音“派”。

冂：远远的郊野。

月桂：辖区内社区名。

云秀：辖区内社区名。

江根：辖区内古村落名。

西南街道（西南街道供图）

云东海

佛山市三水区云东海街道，位于三水区中部，面积91.29平方千米，户籍人口7万人，常住人口16.71万人，下辖10个行政村和2个社区。云东海街道锚定大湾区特色健康运动小镇目标，全力推动医药健康、体育休闲、文化旅游等产业深度融合，推动佛山北向战略在云东海落地落实。

【拆】

云：六、一。

东：乐、八。

海：氵、每。

【诗】

云霞六一红，东迎八面风。

池水每高涨，海韵贯横涌。

【注】

横涌：辖区内村名。

云东海生命科学园（云东海街道供图）

乐平

佛山市三水区乐平镇，位于三水区中部，是广东省“百千万工程”第二批典型镇，面积198.5平方千米，常住人口17.9万人，下辖14个行政村和3个社区。乐平镇拥有佛山高新技术产业开发区三水园，聚焦高端医疗器械、新材料、新能源等产业，2024年位列全国镇域经济500强第32位。

【拆】

乐：几、小。

平：干、丷。

【诗】

小调唱几首，乐起范湖秋。

八方齐力干，平添大旗头。

【注】

范湖：辖区内社区名。

大旗头：辖区内地名。

乐平镇（乐平镇供图）

芦苞

佛山市三水区芦苞镇，位于三水区中北部，是广东省“百千万工程”第二批典型镇，面积约105平方千米，户籍人口3.93万人，常住人口6.18万人，下辖6个行政村和1个社区。芦苞镇获国家卫生镇、国家级生态乡镇、全国重点镇、广东省森林小镇等荣誉称号。

【拆】

芦：艹、户。

苞：十、十、包。

【诗】

户前草花繁，芦茎独树岗。

霜包二十朵，苞映满胥江。

【注】

独树岗：辖区内村名。

芦苞涌（芦苞镇供图）

大塘

佛山市三水区大塘镇，位于三水区北部，是广东省“百千万工程”第三批典型镇，面积98.15平方千米，常住人口超11万人，下辖7个行政村和1个社区。大塘镇拥有“佛山市唯一精细化工专区”，2024年入选全国“镇域经济500强”第384名和“镇域创新发展潜力500强”第268名。

【拆】

大：一、人。

塘：土、唐。

【诗】

人潮成一色，大开亦大合。

弄唐土连滘，塘游乌鬃鹅。

【注】

弄唐：小巷。

连滘：辖区内村名。

大塘镇（大塘镇供图）

南山

佛山市三水区南山镇，位于三水区最北端，是广东省“百千万工程”第三批典型镇，面积124.27平方千米，常住人口3万人，户籍人口2.7万人，下辖1个行政村和4个社区。南山镇获中国绿色名镇、中国乡村振兴十大示范村镇、广东省生态乡镇、广东省森林小镇、广东文化强省建设示范镇等荣誉称号。

【拆】

南：十、冂、丷、干。

山：川、一。

【诗】

十八冂外干，南下有知青。

平川需一马，山口小迳明。

【注】

冂：远远的郊野。

知青：知识青年。

山口小迳明：南山旧名迳口。

南山镇（南山镇供图）

罗格

佛山市禅城区南庄镇罗格村，位于南庄镇北部，面积约4.74平方千米，下辖13个自然村，13个村民小组。罗格村拥有“中国传统村落”孔家村、孔家九曲农业公园、东边旧村古村落，岭南特色的美丽乡村形象不断彰显。

【拆】

罗：四、夕。

格：十、八、各。

【诗】

夕照铺四方，罗印金字塘。

十八各行礼，格物瞻圭璋。

【注】

金字塘：辖区内古迹

圭璋：辖区内孔家村文昌阁有林则徐所题“组绶圭璋”匾额。

罗格村

龙津

佛山市禅城区南庄镇龙津村，位于南庄镇西南部，是广东省“百千万工程”第三批典型村，面积2.5平方千米，下辖3个自然村，10个村民小组。龙津村获全国农村幸福社区建设示范村、全国人口和计划生育基层群众自治示范村、广东省村务公开民主管理示范村等荣誉称号。

【拆】

龙：乂、七。

津：氵、聿。

【诗】

七乂良宝间，龙腾涌道边。

岁聿沙闸水，津渡第一湾。

【注】

七乂：经书七乂。

良宝：辖区内自然村名。

腾涌：辖区内自然村名。

沙闸：辖区内自然村名。

岁聿：岁聿云暮，一年将尽。

第一湾：辖区内良宝村有“人耕鹤坦莲天藕，家住龙津第一湾”的楹联。

龙津村

醒群

佛山市禅城区南庄镇醒群村，位于南庄镇西南部，面积4.69平方千米，下辖7个自然村，9个村民小组。醒群村积极推进人居环境整治工作，实现农村人居环境质的飞跃。

【拆】

醒：酉、星。

群：君、羊。

【诗】

酉时可观星，醒神莲塘清。

君羊下龙畔，群艺大师精。

【注】

莲塘：辖区内睡莲塘。

龙畔：下辖村头原称龙畔村头。

大师：粤剧表演艺术大师罗品超是辖区人。

醒群村

村尾

佛山市禅城区南庄镇村尾村，位于南庄镇南部，面积1.7平方千米，下辖10个村民小组。村尾村着力化解历史遗留问题，盘活闲置土地，推进“工改工”项目，人居环境显著提升。

【拆】	【诗】
村：十、八、寸。	十八分寸强，村有树德堂。
尾：兄、三。	兄弟三生幸，尾韵龙蟠扬。

【注】

树德堂：辖区内罗氏大宗祠中堂里金柱六扇屏风门，有“树德堂”牌匾。

蟠龙：蟠龙古道。

村尾村

梧村

佛山市禅城区南庄镇梧村村，位于南庄镇南部，面积约3.4平方千米，下辖15个村民小组。梧村村采用“工改工”模式，对村内西围工业园改造升级，解决历史遗留问题的同时提高了经济收益。

【拆】

梧：木、吾。

村：八、十、寸。

【诗】

吾辈水木清，梧桐六七声。

八十守分寸，村水道康宁。

【注】

六、七：辖区内有六村和七村2个自然村。

水道康宁：康宁水道，梧村水道中段堤岸有“康宁水道”门楼。

梧村村

河滘

佛山市禅城区南庄镇河滘村，位于南庄镇东南部，是广东省“百千万工程”第二批典型村，面积约3平方千米，下辖13个村民小组。

【拆】

河：氵、可。

滘：八、空、口。

【诗】

水可御千军，河映木棉云。

空象八方口，滘绿四五村。

【注】

御千军：喻游击队。河滘是革命老区，曾为抗日游击队员集结和休整的基地。

木棉：辖区内有一棵百年木棉树。

四五村：河滘村包括 2 个自然村，即四村和五村。

河滘村

杏头

佛山市禅城区南庄镇杏头村，位于南庄镇南部，是广东省“百千万工程”第二批典型村，面积3.85平方千米，下辖3个自然村，16个村民小组。杏头村获广东省文明卫生村、广东省村务公开民主管理示范村、佛山市十好文明村、佛山市十好和谐文明村、佛山市宜居村庄、佛山市三星健康村居等荣誉称号。

【拆】

杏：木、口。

头：介、八。

【诗】

村口古木盈，杏市圩正兴。

八方有荐介，头鳌龙吉星。

【注】

杏市圩：辖区内古圩市名。

鳌龙吉：杏头村是抗战时期鳌龙吉乡民主政府的成立地。

湾区智造港杏头园

贺丰

佛山市禅城区南庄镇贺丰村，是广东省“百千万工程”第二批典型村，面积约2.5平方千米，下辖9个村民小组。贺丰村为典型岭南水乡环境，村里仍有多间保留完好的古建筑，各村小组建有文体场所、绿化公园。

【拆】

贺：加、贝。

丰：十、干。

【诗】

贝囊加缎绸，贺电出村头。

十足干劲在，丰年厂上楼。

【注】

村头：辖区内村民小组。

厂上楼：工业上楼，一种为解决工业用地利用率低的发展模式。

贺丰村

罗南

佛山市禅城区南庄镇罗南村，位于南庄镇西部，是广东省“百千万工程”第二批典型村，面积3.75平方千米，下辖9个村民小组。罗南村获全国绿色小康村、全国最美村镇、国家级生态村等荣誉称号。

【拆】

罗：四、夕。

南：大、¥。

【诗】

夕烟起四方，罗陈聚德堂。

钱捐大书院，南下官道长。

【注】

罗陈：罗列。

聚德堂：陈氏宗祠，辖区内祠堂。

书院：隆庆书院，原名洲隐书舍。

官道：隆庆古官道，市级文物保护单位。

罗南村

湖涌

佛山市禅城区南庄镇湖涌村，位于南庄镇东北部，是广东省“百千万工程”第三批典型村，面积约1.72平方千米，下辖7个自然村。湖涌村以河长制为核心，结合村民共治，在河道治理与生态保护领域取得显著成效。

【拆】

湖：沽、月。

涌：氵、又、用。

【诗】

沽酒月下秋，湖边登炮楼。

好水又新用，涌扒草艇头。

【注】

炮楼：湖涌炮楼，辖区内古迹。

扒草艇：市级非物质文化遗产。

湖涌村

东村

佛山市禅城区南庄镇东村村，位于南庄镇东部，是广东省“百千万工程”第三批典型村，面积约2.4平方千米，下辖7个村民小组。东村村获广东省卫生村、广东省村务公开民主管理示范村等荣誉称号。

【拆】

东：七、小。

村：木、寸。

【诗】

七小组齐彰，东大门八乡。

淦泉映寸木，村南见庐江。

【注】

七小组：辖区内有7个村民小组。

东大门：东村是南庄镇的东大门。

八乡：形容周围的多个乡村。

淦泉：淦泉书室，辖区内遗迹。

村南：南街，辖区内村民小组名。

庐江：庐江别壁，辖区内建筑。

东村村

溶洲

佛山市禅城区南庄镇溶洲村，位于南庄镇东北部，是广东省“百千万工程”第三批典型村，面积6平方千米，下辖10个自然村。溶洲村获广东省卫生村、广东省乡村治理示范村等荣誉称号。

【拆】

溶：浴、宀。

洲：氵、州。

【诗】

浴德永丰家，溶溶月下花。

州府水路近，洲屿名季华。

【注】

永丰：辖区内自然村名。

季华：辖区内自然村名。

溶洲村

堤田

佛山市禅城区南庄镇堤田村，位于南庄镇东北部，面积约2.7平方千米，下辖3个村民小组。堤田村获广东省卫生村等荣誉称号。

【拆】	【诗】
堤：土、是。	土是先前饶，堤建群情高。
田：口、十。	十里春风口，田架西河桥。

【注】

先、前："先锋""前锋"，皆为辖区内自然村名。

建群：群建，辖区内自然村名。

西河桥：辖区内旧桥名。

堤田村

河宕

佛山市禅城区石湾镇街道河宕村，位于石湾镇街道中部，是广东省“百千万工程”第二批典型村，面积约1平方千米，下辖8个村民小组。

【拆】

河：氵、可。

宕：宀、石。

【诗】

莘岗水可人，河道如敬宾。

家门石溪过，宕涤贝丘尘。

【注】

莘岗：辖区内自然村名。

敬宾：敬宾书舍。

宕涤：冲刷。

贝丘：河宕贝丘遗址，土墩类型新石器晚期贝丘遗址，距今约5000年，省级文物保护单位。

河宕村

深村

佛山市禅城区石湾镇街道深村村，位于石湾镇街道中部，是广东省“百千万工程”第二批典型村，面积约1.5平方千米，下辖15个自然村。

【拆】

深：沐、冖、八。

村：木、寸。

【诗】

网络沐八方，深阅仁和康。

榕木知分寸，村口蕴华光。

【注】

冖：本义覆盖，延伸为网。

仁和：辖区内自然村名。

华光：华光庙。

田心涌

石头

佛山市禅城区石湾镇街道石头村，位于石湾镇街道西南部，是广东省“百千万工程”第三批典型村，面积0.4平方千米。

【拆】

石：入、口。

头：三、人。

【诗】

入朝口相传，石榜渭崖言。

三乡人精武，头顶一云天。

【注】

渭崖：辖区历史人物霍韬，称渭崖先生。

三乡人：即原乡人、归乡人、新乡人。

精武：精武楼，辖区内古迹。

霍氏家庙祠堂群

里水

佛山市禅城区石湾镇街道里水村，位于石湾镇街道西北部，面积0.25平方千米，下辖5个村民小组。里水村获广东省民主法治示范村等荣誉称号。

【拆】

里：田、土。

水：八、小。

【诗】

乡土守麦田，里外教子篇。

小村通八面，水映华远天。

【注】

麦：大麦、上麦，辖区内自然村名。

教子：辖区内自然村名。

华远：辖区内自然村名。

里水村牌坊

塘头

佛山市禅城区石湾镇街道塘头村，位于石湾镇街道西南部，是广东省“百千万工程”第三批典型村，面积0.7平方千米，下辖7个自然村。塘头村获广东省民主法治示范村等荣誉称号。

【拆】

塘：土、唐。

头：三、人。

【诗】

东土大唐经，塘边竹溪声。

七坊三人语，头回曼硕厅。

【注】

竹溪：竹溪梁公祠，辖区内祠堂。

七坊：塘头村由北社、中街、南社、横街、隔安、显岗、沙围七坊组成。

曼硕：曼硕堂，辖区内祠堂。

梁氏家庙

沙岗

佛山市禅城区石湾镇街道沙岗村，位于石湾镇街道西部，面积0.55平方千米，下辖4个村民小组。沙岗村获广东省卫生村等荣誉称号。

【拆】

沙：氵、少。

岗：山、冈。

【诗】

年少看水形，沙静见潭清。

山冈东风暖，岗上观德星。

【注】

年少看水形：南宋年间，沙岗村遍布河滩，有张姓少年看中此地风水，从南海张槎迁居于此。

潭清：辖区内村小组名。

东风：辖区内村小组名。

德星：辖区内村小组名。

沙岗村

湾华

佛山市禅城区石湾镇街道湾华村，位于石湾镇街道东部，面积约0.55平方千米，下辖5个村民小组。湾华村获全国绿化千佳村、广东省卫生村、广东省村民委员会档案工作目标管理特级单位等荣誉称号。

【拆】

湾：氵、弯。

华：亻、七、十。

【诗】

蚝游弯水中，湾清念太公。

十人七停驻，华榕明窦涌。

【注】

蚝：村内有保存完好的蚝壳墙。

太公：太公诞，每年农历十月初九举行。

明窦涌：辖区内河涌。

蚝壳墙

鄱阳

佛山市禅城区石湾镇街道鄱阳村，位于石湾镇街道东部，是广东省“百千万工程”第三批典型村，面积0.42平方千米。鄱阳村获全国造林绿化千佳村、广东省创建充分就业示范村等荣誉称号。

【拆】

鄱：番、阝。

阳：阝、了、日。

【诗】

几番耳边倾，鄱水环村清。

了却一日事，阳光照南兴。

【注】

南兴：南兴里匾额。

鄱阳村

石梁

佛山市禅城区石湾镇街道石梁村，位于石湾镇街道中南部，面积0.24平方千米。石梁村获广东省卫生村、广东省民主法治示范村等荣誉称号。

【拆】

石：人、口。

梁：氵、刀、米。

【诗】

循良口传人，石制镇北门。

刀收水稻米，梁脊精气神。

【注】

循良：辖区历史人物梁元捷，获康熙赐“三晋循良”牌匾。

镇北门：辖区内旧城门。

石梁村

白坭

佛山市禅城区张槎街道白坭村，位于张槎街道中部，面积0.5平方千米，下辖5个村民小组。白坭村大力推进农村人居环境整治提升，成效显著。

【拆】

白：丶、日。

坭：土、尼。

【诗】

好日点子多，白酒吕祠酌。

尼珠西石土，坭随渭水和。

【注】

吕祠：吕氏宗祠，辖区内祠堂。

尼珠：摩尼宝珠。梵语意为宝珠，故称宝珠为“尼珠”。

西石：辖区内村民小组名。

渭水：辖区内村民小组名。

白坭村

东鄱

佛山市禅城区张槎街道东鄱村，位于张槎街道东部，面积约0.65平方千米，下辖8个自然村，14个村民小组。东鄱村获广东省民主法治示范村等荣誉称号。

【拆】

东：乐、八。

鄱：番、阝。

【诗】

八月乐秋官，东便聚田边。

十番耳边响，鄱南到西元。

【注】

秋官：秋官家庙，辖区内建筑。

东便：辖区内自然村名。

聚边：辖区内自然村名。

田边：辖区内自然村名。

十番：十番音乐（佛山十番），国家级非物质文化遗产。

鄱南：辖区内村民小组名。

西元：辖区内村民小组名。

东鄱村

张槎

佛山市禅城区张槎街道张槎村，位于张槎街道中心区，是广东省“百千万工程”第二批典型村，面积1平方千米。张槎村获全国文明村镇、广东省民主法治示范村等荣誉称号。

【拆】

张：弓、长。

槎：木、差。

【诗】

笔毫似长弓，张弛墨韵中。

东岳参差木，槎仙水月通。

【注】

墨韵：张槎村书法文化历史悠久。

东岳：东岳古庙，市级文物保护单位。

槎仙：仙槎书院，市级文物保护单位。

水月：水月宫，市级文物保护单位。

张槎村

弼唐

佛山市禅城区张槎街道弼唐村，位于张槎街道东南部，是广东省“百千万工程”第三批典型村，面积约0.7平方千米，下辖5个村民小组。弼唐村历史悠久，是远近闻名的理学之乡。

【拆】

弼：弓、百、弓。

唐：店、彐。

【诗】

百胜齐双弓，弼辅社学红。

穗园店雪韵，唐音念庞嵩。

【注】

弼辅：辅助。

社学：永新社学，辖区内古迹。

穗园：穗园霍公祠，辖区内建筑。

彐：曾为雪的简化字。

唐音：指汉语。

庞嵩：明代岭南理学大师。

佛山创意产业园

青柯

佛山市禅城区张槎街道青柯村，位于张槎街道东南部，面积约0.6平方千米，下辖6个村民小组。

【拆】

青：一、土、月。

柯：木、可。

【诗】

一月乡土中，青砖居翼公。

酱园可养木，柯枝上下东。

【注】

居翼公：居翼庞公祠，辖区内祠堂。

酱园：青柯村是佛山酱园时代兴盛的缩影。

上下东：上东村、下东村，辖区内自然村名。

青柯村

海口

佛山市禅城区张槎街道海口村，位于张槎街道西南部，面积约1.5平方千米，下辖7个自然村，7个村民小组。海口村通过“集转国+居改工”新型土地整备模式，盘活村集体低效用地，建成禅西都市产业园（海口园）。

【拆】

海：氵、每。

口：二、二。

【诗】

少泉每水形，海棠六角亭。

慈云二月二，口音最传情。

【注】

少泉：少泉陈公祠，辖区内祠堂。

六角亭：辖区内建筑。

慈云：慈云大仙馆，俗称大仙庙。

海口村

村头

佛山市禅城区张槎街道村头村，位于张槎街道西部，是广东省“百千万工程”第二批典型村，面积0.5平方千米，下辖3个村民小组。村头村是佛山市2023年度“百千万工程”工作先进村。

【拆】

村：木、寸。

头：二、大。

【诗】

草木寸春晖，村边火山堆。

二三可知大，头雁青云追。

【注】

火山：“王借岗”古火山遗址。

青云：青云书院。

村头村

村尾

佛山市禅城区张槎街道村尾村，位于张槎街道西南部，面积约0.87平方千米，下辖4个村民小组。村尾村积极推进土地整备，携手莲塘村连片设计、共同打造佛山都市工业示范区（莲塘村尾园）。

【拆】

村：木、寸。

尾：尼、千。

【诗】

树木寸心生，村善夫人明。

尼龙千斤线，尾声却始平。

【注】

善夫：村尾的创村始祖冯柔，字善夫。

始平：冯姓有“始平望族”之称，辖区内有始平书院。

村尾村

上朗

佛山市禅城区张槎街道上朗村，位于张槎街道西北部，是广东省“百千万工程”第三批典型村，面积约0.6平方千米，下辖8个村民小组。上朗村推进“三旧改造”，力争将上朗创客科技园打造成佛山童装织梦基地。

【拆】

上：人、一。

朗：良、月。

【诗】

副魁一人当，上匾永思堂。

良朋聚明月，朗溪渡头忙。

【注】

副魁：招宝莲，清代画家，被授予“副魁”牌匾。

永思堂：招氏始祖祠内大堂的牌匾。

朗溪渡头：汾江河的一个渡口。

上朗村

古灶

佛山市禅城区张槎街道古灶村，位于张槎街道中部，面积约1平方千米，下辖6个村民小组。古灶村获广东省乡村治理示范村、广东省民主法治示范村等荣誉称号。

【拆】

古：十、口。

灶：火、土。

【诗】

村口十里亭，古树新芽青。

土窑红似火，灶暖话复兴。

【注】

土窑：古灶村建村于宋末元初，因有窑炉遗迹而得名。

古灶村

大江

佛山市禅城区张槎街道大江村，位于张槎街道中部，是广东省“百千万工程”第三批典型村，面积约1.21平方千米，下辖7个村民小组。大江村于2023年成为“亿元村”。

【拆】

大：一、人。

江：氵、工。

【诗】

一曲众人留，大聚联桥头。

工余常玩水，江阔扒龙舟。

【注】

聚联：辖区内村民小组名。

桥头：辖区内村民小组名。

大江村

大沙

佛山市禅城区张槎街道大沙村，位于张槎街道东部，面积1.1平方千米，下辖7个村民小组。大沙村积极推进旧村居连片改造工程。

【拆】	【诗】
大：一、人。	一人走远方，大夫第还乡。
沙：氵、少。	清水何惧少，沙白屋润杨。

【注】

大夫第：杨世璧故居，辖区内古迹。

清水：辖区内自然村名。

白屋：辖区内自然村名。

大沙村

简村

佛山市禅城区祖庙街道简村村，位于祖庙街道中部，面积0.48平方千米。简村童装批发城是广东省最早的童装基地之一。

【拆】

简：竹、间。

村：木、寸。

【诗】

竹杖雨间风，简单智慧生。

木笺寸心现，村变童装城。

【注】

木笺：专供写信用的小木板。

童装城：简村童装批发城是广东省最早的童装基地之一。

简村村

永红

佛山市禅城区祖庙街道永红村，位于祖庙街道南部，面积约0.194平方千米，下辖4个自然村，7个村民小组（股份合作经济社）。

【拆】

永：八、水。

红：纟、工。

【诗】

垂虹八水通，永流汇新涌。

丝竹工南浦，红耀山紫中。

【注】

垂虹：辖区内自然村名。

新涌：辖区内自然村名。

南浦：辖区内自然村名。

山紫：辖区内自然村名。

村史馆

永新

佛山市禅城区祖庙街道永新村，位于祖庙街道东部，面积约1.8平方千米，下辖9个股份经济合作社。

【拆】

永：八、水。

新：亲、斤。

【诗】

八骏奔水边，永续蓄湖篇。

亲情论斤重，新塔文华天。

【注】

蓄湖：调蓄湖，亚艺湖的前身。

文华：文华公园。

永新村

东升

佛山市禅城区祖庙街道东升村，位于佛山市祖庙街道东北部，是广东省“百千万工程”第二批典型村，面积约2平方千米，下辖10个村民小组。东升村紧紧围绕制造业当家战略，充分发挥童装产业链条完善的优势，实现童装产业跃迁升级。

【拆】

东：七、小。

升：千、十。

【诗】

七里小疍家，东聚鲤鱼沙。

童服十千万，升跳似青蛙。

【注】

鲤鱼沙：辖区内村民小组名。

童服：东升村以童装生产为主要产业。

青蛙：青蛙王子童装品牌。

东升村

敦厚

佛山市禅城区祖庙街道敦厚村，位于祖庙街道北部，是广东省“百千万工程”第二批典型村，面积约0.7平方千米。

【拆】	【诗】
敦：享、文。	大夫里享文，敦睦倍精神。
厚：厂、日、子。	厂子百日变，厚载北大门。

【注】

大夫里：辖区历史人物谭大经，故居石额上有“大夫里”三个字。

敦睦：敦厚和睦。

北大门：敦厚是禅城区的“北大门”。

敦厚村

扶西

佛山市禅城区祖庙街道扶西村，位于祖庙街道东北部，面积0.17平方千米。扶西村通过实施“三旧”改造工程实现整体转型升级，是广东省“三旧”改造示范村，也是佛山市第一个进行整村改造的村居。

【拆】

扶：扌、夫。

西：兀、口。

【诗】

提莲大夫风，扶南更助东。

兀立货场口，西隆亦北通。

【注】

莲：扶西村以周敦颐《爱莲说》为内核打造“颐荷扶西”品牌，展现廉洁文化特色。

货场：铁路东货场。

扶南、西隆：扶西村原祖籍村属扶南堡、新落籍地属西隆堡，各取首字而定名。

扶西村

郊边

佛山市禅城区祖庙街道郊边村，位于祖庙街道西北部，面积约0.8平方千米，下辖2个自然村，7个村民小组。郊边村积极投入老旧工业园区升级改造项目，为广湛高铁站台及周边配套设施加快建设提供助力。

【拆】

郊：交、阝。

边：之、力。

【诗】

朱子耳交音，郊外昔非今。

高铁站之力，边缘变中心。

【注】

朱子：朱熹。

高铁站：辖区内有广湛高铁佛山站。

郊边村

石硝

佛山市南海区桂城街道石硝社区，位于桂城街道南部，面积4.3平方千米，下辖5个经济社。

【拆】

石：入、口。

硝：石、止、月。

【诗】

九龙入洞口，石桥飞雪球。

曲水石止月，硝独松系舟。

【注】

九龙入洞：石硝旧八景之一。

石桥飞雪：石硝旧八景之一。

曲水：庙前曲水，石硝旧八景之一。。

独松系舟：石硝旧八景之一。

石硝社区

中区

佛山市南海区桂城街道中区社区，位于桂城街道东部，是广东省“百千万工程”第二批典型村，面积4.5平方千米，下辖4个自然村。中区社区获广东省乡村治理示范村等荣誉称号。

【拆】

中：口、1。

区：厂、又。

【诗】

西江口一船，中渡南村边。

新厂又填地，区内见涌源。

【注】

西江：辖区内经济社名。

南村：辖区内经济社名。

新填地：辖区内经济社名。

涌源：辖区内经济社名。

西江大塘

夏南二

佛山市南海区桂城街道夏南二社区，位于桂城街道北部，是广东省“百千万工程”第二批典型村，面积1.67平方千米。夏南二社区获佛山市宜居社区、佛山村改先进社区等荣誉称号。

【拆】	【诗】
夏：百、反。	夏池反百荷，南海大钱歌。
南：大、¥。	一步成一景，二渡石溪波。
二：一、一。	

【注】

石溪：辖区内经济社名。

夏南二社区（梁平供图）

上西

佛山市南海区九江镇上西村，位于九江镇中南部，是广东省“百千万工程”第二批典型村，面积约4.33平方千米，下辖6个自然村。上西村获广东省乡村治理示范村、佛山市绿色村庄等荣誉称号。

【拆】

上：人、一。

西：口、兀。

【诗】

一人相府榜，上书贤和忙。

村口景兀立，西山树德堂。

【注】

相府：辖区内自然村名。

贤和：辖区内自然村名。

西山：辖区内自然村名。

树德堂：辖区内祠堂。

上西村（梁平供图）

烟南

佛山市南海区九江镇烟南村，位于九江镇西北部，是广东省“百千万工程”第二批典型村，面积约2.9平方千米，下辖3个自然村。烟南村获广东省卫生村、广东省乡村治理示范村、广东省民主法治示范村、广东省历史文化名村、广东省家庭文明建设示范点等荣誉称号。

【拆】

烟：火、因。

南：幸、一、丁。

【诗】

火因风势红，烟桥正道中。

一丁点皆幸，南聚国事榕。

【注】

烟桥正道：咸丰年间，乡贤何如驟回乡把土路全部铺上青石板，并建起麻石门楼，请人题写“烟桥正道”四个大字，警示村中后人坚守正道、恪守本分。

国事榕：一树成林的古榕树。每遇国家大事，村民把榕树气根引种到地里再育新树。

烟桥

敦根

佛山市南海区九江镇敦根社区，位于九江镇中北部，是广东省“百千万工程”第二批典型村，面积2.1平方千米，下辖1个经济社。敦根社区获广东省乡村治理示范村、广东省卫生村、广东省生态示范村、广东省“六好”和谐平安社区等荣誉称号。

【拆】

敦：享、攵。

根：木、艮。

【诗】

众享美文篇，敦尚德厚天。

艮山木棉意，根寻本正源。

【注】

德厚：辖区内生产小组名。

木棉意：红棉诗意，敦根新八景之一。

寻本正源：敦根新八景之一。

敦根社区

岭西

佛山市南海区西樵镇岭西村，位于西樵镇中部，是广东省“百千万工程”第二批典型村，面积约4.6平方千米，下辖5个自然村。岭西村获广东省宜居村庄、广东省乡村治理示范村等荣誉称号。

【拆】	【诗】
岭：山、令。	号令高山松，岭南君璧翁。
西：一、儿、口。	男儿一口气，西樵黄飞鸿。

【注】

君璧翁：黄君璧，当代国画大师，辖区名人。

黄飞鸿：岭西村是黄飞鸿出生地。

岭西村

崇北

佛山市南海区西樵镇崇北社区，位于西樵镇北部，是广东省“百千万工程”第二批典型村，面积约3.5平方千米，下辖3个自然村。

【拆】

崇：山、宗。

北：六、乚。

【诗】

宗师到山庄，崇文国泰光。

六时挥毫墨，北回上下坊。

【注】

国泰：辖区内自然村名。

上坊：辖区内自然村名。

下坊：辖区内自然村名。

乚：同“毫”。

下坊村公园

上金瓯

佛山市南海区西樵镇上金瓯社区，位于西樵镇西部，是广东省“百千万工程”第二批典型村，面积约5.32平方千米，下辖8个自然村。上金瓯社区获广东省乡村治理示范村等荣誉称号，辖区内松塘村是中国历史文化名村、全国乡村旅游重点村。

【拆】	【诗】
上：人、一。	上书一人单，金秋八景全。
金：全、八。	区里西乡瓦，瓯酒松塘圆。
瓯：区、瓦。	

【注】

八景：松塘八景之一。

区里：乡下。

西乡：辖区内自然村名。

松塘：辖区内自然村名，中国历史文化名村。

松塘村

爱国

佛山市南海区西樵镇爱国社区，位于西樵镇中部，面积约1.1平方千米，下辖3个经济社。爱国社区获广东省文明村、佛山市五星级健康村、南海区五星健康村等荣誉称号。

【拆】

爱：受、+。

国：口、玉。

【诗】

听音加享受，爱花满杏头。

沙涌口如玉，国卧龙瀛洲。

【注】

听音：听音湖。

杏头：辖区内经济社名。

沙涌：辖区内经济社名。

龙瀛：辖区内经济社名。

龙瀛村

太平

佛山市南海区西樵镇太平社区，位于西樵镇西部，面积7.78平方千米，下辖1个村民小组，20个经济社。太平社区人居环境整治工作突出，获2022年第四季度佛山市农村人居环境整治专项检查第一名。

【拆】

太：大、丶。

平：八、士。

【诗】

不昧点大道，太阳暖凤巢。

士气高八丈，平湖迯浪高。

【注】

不昧：拾金不昧。相传万历年间南海西樵太平村人李昇佐在码头拾获一包银两，等候多时终于分文不差地归还失主陈体全。陈将半数银两拿出来，与李创办药店，并取名“陈李济”。

凤巢：辖区内自然村名。

迯浪：辖区内自然村名。

李昇佐纪念馆

南沙

佛山市南海区丹灶镇南沙社区，位于丹灶镇北部，是广东省“百千万工程”第二批典型村，面积2.46平方千米，下辖4个自然村。南沙社区获广东省卫生村、民主法治村、“六好”和谐平安社区等荣誉称号，辖区内棋盘村是广东省历史文化名村。

【拆】

南：大、¥。

沙：氵、少。

【诗】

敲锣庆大钱，南似书室缘。

三村水不少，沙鸥聚棋盘。

【注】

敲锣庆大钱：改革开放之初，南海县一度成为全国首富县。1980年1月10日，南海县委书记梁广大率领县委班子到南沙大队“贺富”。

南似书室：辖区内古迹。

三村：辖区内经济社名。

棋盘：辖区内自然村名。

棋盘村

上安

佛山市南海区丹灶镇上安社区，位于丹灶镇东部，是广东省“百千万工程”第二批典型村，面积7.76平方千米，下辖10个自然村。上安社区获广东省卫生村、佛山市四星级健康村（居）等荣誉称号。

【拆】

上：人、一。

安：宀、女。

【诗】

农人一池鹅，上观大藤阁。

金沙润家女，安静远唱和。

【注】

大藤阁：辖区内名胜。

金沙：金洲岛。

金沙岛国家湿地公园

西城

佛山市南海区丹灶镇西城社区，位于丹灶镇西南部，是广东省“百千万工程”第二批典型村，面积约5.3平方千米，下辖6个自然村。西城社区获广东省卫生村、广东省生态示范村等荣誉称号。

【拆】

西：一、儿、口。

城：土、成。

【诗】

一口儿时音，西庙三忠心。

沃土成大果，城湾伏水亲。

【注】

三忠：三忠庙。

大果：辖区内经济社名。

伏水：辖区内经济社名。

耕山小寨

银河

佛山市南海区丹灶镇银河社区，位于丹灶镇西南部，是广东省“百千万工程”第二批典型村，面积6平方千米，下辖4个自然村。银河社区获广东省卫生村等荣誉称号。

【拆】

银：钅、艮。

河：氵、可。

【诗】

金子出艮山，银杏大小般。

有为水可道，河入苏海湾。

【注】

杏大小：大杏、小杏，辖区内村民小组名。

有为：康有为故居，全国文保单位。

苏海湾：苏村、湾头，辖区内自然村名。苏东坡曾游此地，有“苏海银河秀，岭南第一村”诗。

银河社区

罗行

佛山市南海区丹灶镇罗行社区，位于丹灶镇东南部，是广东省“百千万工程”第二批典型村，面积0.6平方千米，下辖11个自然村。罗行社区获广东省“六好”平安和谐社区、全国优秀社区工作法百强等荣誉称号，罗行艺术墟项目入选全国乡村文化建设典型案例。

【拆】

罗：四、夕。

行：八、亻、丁。

【诗】

夕照四月天，罗裙舞蹁跹。

人丁八方聚，行街买竹编。

【注】

竹编：罗行旧名“箩行”，曾因竹箩编织而闻名。

罗行墟

上柏

佛山市南海区狮山镇上柏社区，位于狮山镇东部，是广东省“百千万工程”第二批典型村，面积3平方千米。上柏社区围绕烧番塔传统民俗打造番塔广场、围绕古榕树景观打造西三大榕树公园，把“诗和远方带到身边”，打造“人在画中行”的美丽乡村。

【拆】

上：人、一。

柏：木、白。

【诗】

中和一人缘，上下齐向前。

木棉映白日，柏路抵边田。

【注】

中和：辖区内经济社名。

边田：辖区内经济社名。

上柏社区

罗村

佛山市南海区狮山镇罗村社区，位于狮山镇南部，是广东省“百千万工程”第二批典型村，面积3平方千米，下辖5个自然村，15个经济合作社。罗村社区获广东省宜居示范村、广东省农村集体资产和财务管理示范村等荣誉称号。

【拆】

罗：四、夕。

村：木、寸。

【诗】

四面朝夕烟，罗盘定寨边。

寸木皆报本，村里舞蹁跹。

【注】

寨边：辖区内自然村名。

报本：辖区内杨氏大宗祠有“报本堂”匾额。

罗村社区

招大

佛山市南海区狮山镇招大社区，位于狮山镇东南部，是广东省“百千万工程”第二批典型村，面积约3.1平方千米，下辖5个村民小组。

【拆】	【诗】
招：扌、召。	召令提狮山，招招通北南。
大：一、人。	人聚一西站，大美后花园。

【注】

狮山：辖区所在镇名。

招招通北南：辖区内有招北一、招北二和招南一、招南二、招南三自然村。

西站：佛山西站。

后花园：招大社区毗邻佛山西站，被誉为佛山西站枢纽新城的“后花园”。

招大社区

联星

佛山市南海区狮山镇联星社区，位于狮山镇东南部，是广东省“百千万工程”第二批典型村，面积约2平方千米。联星社区获广东省卫生村、广东省健康村、广东省“六好”平安和谐社区、广东省名村、广东省家庭文明建设示范点等荣誉称号。

【拆】

联：耳、关。

星：日、生。

【诗】

耳边响乡关，联灯乐安欢。

潭头生日月，星耀咏春传。

【注】

乐安：辖区内自然村名。

潭头：辖区内自然村名。咏春拳一代宗师叶问的祖籍在潭头村。

花灯街

兴贤

佛山市南海区狮山镇兴贤社区，位于狮山镇东部，是广东省“百千万工程”第二批典型村，面积7.39平方千米，下辖15个自然村，21个经济社。兴贤社区获广东省综合性文化服务中心试点村、佛山市文明村创建试点村等荣誉称号。

【拆】

兴：六、丷。

贤：二、又、贝。

【诗】

六路兼八方，兴家必担当。

贝塔又联二，贤齐咏珠江。

【注】

贝塔：希腊字母 β（贝塔）是希腊字母表的第二个字母。

联二：辖区内村民小组名。

珠江：辖区内村民小组名。

兴贤社区

颜峰

佛山市南海区狮山镇颜峰社区，位于狮山镇东部，是广东省“百千万工程”第二批典型村，面积约8.2平方千米。颜峰社区获广东名村、佛山市美丽文明村居等荣誉称号。

【拆】

颜：彦、页。

峰：山、夂、丰。

【诗】

俊彦几页功，颜值数叶宗。

岐山文丰盛，峰峦如聚龙。

【注】

叶宗：叶氏大宗祠，又名叶正简纪念馆。

岐山：辖区内经济社名。

颜峰社区

沥东

佛山市南海区大沥镇沥东社区，位于大沥镇中部，是广东省“百千万工程”第二批典型村，面积约3.56平方千米，下辖14个村民小组。沥东社区获全国文明村、全国示范性老年友好型社区、广东省卫生村、广东省名村、广东省文明单位等荣誉称号。

【拆】

沥：氵、历。

东：乐、八。

【诗】

年历水头何，沥诚豪美歌。

芦荻八村乐，东江夏泳鹅。

【注】

水头何：辖区内自然村名。

豪美：辖区内自然村名。

芦村：辖区内自然村名。

江夏：辖区内自然村名。

东晖园

钟边

佛山市南海区大沥镇钟边社区，位于大沥镇西部，是广东省“百千万工程”第二批典型村，面积约2.63平方千米，下辖14个村民小组。社区内钟氏大宗祠是国内现存最古老的祠堂之一，是广东省文物保护单位。

【拆】

钟：钅、中。

边：力、之。

【诗】

金曲忆中年，钟声禅院前。

铁村义之力，边角镇南联。

【注】

院前：辖区内村民小组名。

铁村：辖区内村民小组名。

镇南：辖区内村民小组名。

南联：辖区内村民小组名。

钟边社区

太平

佛山市南海区大沥镇太平社区，位于大沥镇西部，是广东省“百千万工程”第二批典型村，面积约5.75平方千米，下辖9个自然村。太平社区获广东省卫生村等荣誉称号。

【拆】

太：大、丶。

平：一、十、八。

【诗】

西村大看点，太极映水边。

十八式一摆，平石步向前。

【注】

西村：辖区内自然村名。

水边：辖区内自然村名。

石步：辖区内自然村名。

太平社区

盐步

佛山市南海区大沥镇盐步社区，位于大沥镇东南部，是广东省“百千万工程”第二批典型村，面积约3.8平方千米，下辖1个村民小组和13个经济社。盐步社区获广东省岭南名村、广东省卫生村等荣誉称号。

【拆】

盐：土、人、皿。

步：小、卡。

【诗】

人盛土皿空，盐埠起老龙。

卡通小天地，步韵内衣功。

【注】

老龙：盐步老龙，有近600年历史，被誉为“全国最古老龙舟”。

内衣：辖区主要产业。

盐步老龙

宏岗

佛山市南海区里水镇宏岗村，位于里水镇中部，是广东省“百千万工程”第二批典型村，面积2.52平方千米。宏岗村获全国民主法治村、广东省卫生村、广东省宜居示范村、广东省乡村治理示范村、佛山市美丽文明建设示范村等荣誉称号。

【拆】	【诗】
宏：宀、一、么。	一家多么拼，宏图出翰林。
岗：山、冈。	山冈重信义，岗边古巷新。

【注】

翰林：辖区历史人物李言兴是清朝时的翰林。

信义：信义堂，辖区内建筑。

古巷：青衣古巷，辖区内古迹。

信义堂

北沙

佛山市南海区里水镇北沙村，位于里水镇西南部，是广东省“百千万工程”第二批典型村，面积4.5平方千米，下辖5个自然村，5个经济社。北沙村社区以中共南三花工委的光辉历程为核心，巧妙融合党建文化、革命文化、双拥文化与新时代设计美学，创造出多个爱国主义、军民同心的教育场景。

【拆】

北：六、乚。

沙：氵、少。

【诗】

六旬挥毫夸，北望沈村家。

水少知鹤暖，沙蕴南三花。

【注】

乚：同“毫”。

沈村：辖区内自然村名。

鹤暖：辖区内自然村名。

南三花：北沙是中共南三花工委旧址所在地。

双拥公园

鹤峰

佛山市南海区里水镇鹤峰村，位于里水镇北部，是广东省“百千万工程”第二批典型村，面积3.26平方千米，下辖3个经济社。鹤峰村获广东省宜居示范村、广东省示范村、广东省民主法治示范村等荣誉称号。

【拆】

鹤：农、一、一、鸟。

峰：山、攵、丰。

【诗】

一鸟一农田，鹤鸣到高边。

年丰山文火，峰回路转间。

【注】

高边：辖区内经济社名。

鹤峰村

河村

佛山市南海区里水镇河村社区，位于里水镇中部，是广东省“百千万工程”第二批典型村，面积约4.29平方千米。河村社区获广东省宜居环境范例奖、广东省文明村、广东省名村、广东省六好平安和谐社区、广东省卫生村、广东省宜居示范村等荣誉称号。

【拆】

河：氵、可。

村：木、寸。

【诗】

月池水可弯，河梦客归帆。

寸木亦垂钓，村托碧湖盘。

【注】

月池：月池虹影，河村新八景之一。

梦客归帆：河村新八景之一。

垂钓：郑祠垂钓，河村新八景之一。

碧湖：辖区内地名。

河村公园

荔村

佛山市顺德区伦教街道荔村村，位于伦教街道中部偏东，是广东省“百千万工程”第二批典型村，面积4.91平方千米，下辖3个村民小组。荔村村曾是广东省菊花出口四大基地之一。

【拆】	【诗】
荔：艹、劦。	花草劦次开，荔熟蜜香来。
村：木、寸。	树木知分寸，村有菊韵台。

【注】

劦：意为合力。

菊韵：荔村是顺德区的“菊花之乡”。

荔村飍颀

西华

佛山市顺德区勒流街道西华村，位于勒流街道东南部，是广东省“百千万工程”第二批典型村，面积2.02平方千米。西华村获广东省乡村治理示范村等荣誉称号。

【拆】

西：一、儿、口。

华：化、十。

【诗】

一口儿歌谣，西丫见龙桥。

十月风化雨，华叶榕树飘。

【注】

见龙桥：辖区内单孔石拱桥，市级文物保护单位。

榕树：“见龙桥·榕树下”，辖区打造的美丽乡村主题。

西华村

桃村

佛山市顺德区北滘镇桃村，位于北滘镇东部，是广东省“百千万工程”第二批典型村，面积2平方千米，下辖3个村民小组。

【拆】

桃：木、兆。

村：十、八、寸。

【诗】

木纹藏兆迹，桃红横岸时。

十八懂分寸，村有报功祠。

【注】

横岸：辖区内村民小组名。

报功祠：省级文物保护单位。

报功祠

黄龙

佛山市顺德区北滘镇黄龙村，位于北滘镇西南部，是广东省“百千万工程”第二批典型村，面积4.89平方千米，下辖19个村民小组。黄龙村获全国乡村治理示范村、全国文明村、全国民主法治社区、广东省先进基层党组织、广东省文明村等荣誉称号。

【拆】

黄：共、由。

龙：义、七。

【诗】

缘由共富康，黄柳孖祠堂。

七略及真义，龙溪书院忙。

【注】

黄柳：初吐叶的柳树，因其叶呈鹅黄色，故称。

孖祠堂：杜家孖祠堂，辖区内建筑。

七略：书名，西汉刘歆撰，中国目录书之祖。

鲤鱼沙公园

大都

佛山市顺德区陈村镇大都村，位于陈村镇西南部，是广东省“百千万工程”第二批典型村，面积4.78平方千米，下辖4个村民小组。

【拆】

大：一、人。

都：者、阝。

【诗】

一人棠溪头，大刀沙如油。

行者耳边语，都里望洋楼。

【注】

棠溪：棠溪甘公祠，辖区内建筑。

大刀沙：大都原名。

洋楼：梁氏洋楼，辖区内建筑。

大都村

潭洲

佛山市顺德区陈村镇潭洲村，位于陈村镇北部，是广东省“百千万工程”第二批典型村，面积6.8平方千米，下辖5个村民小组。潭洲村获广东省卫生村等荣誉称号。

【拆】

潭：洒、早。

洲：氵、州。

【诗】

早洒扫门庭，潭村三字经。

水道联州府，洲立会展名。

【注】

潭村：潭洲村由潭村与登洲合并。

三字经：潭洲是《三字经》作者区适子的故乡。

会展：潭洲国际会展中心。

潭洲村

绀现

佛山市顺德区陈村镇绀现村，位于陈村镇西部，是广东省“百千万工程”第二批典型村，面积3.19平方千米，下辖6个村民小组。

【拆】

绀：纟、甘。

现：王、见。

【诗】

丝瓜甘草鹅，绀珠涵福德。

培英王者见，现今到清河。

【注】

绀珠：比喻博记。

福德：辖区内村民小组名。

培英：辖区内村民小组名。

清河：辖区内村民小组名。

绀现村

葛岸

佛山市顺德区乐从镇葛岸村，位于乐从镇西北部，是广东省“百千万工程”第二批典型村，面积1.2平方千米，下辖1个股份社，5个村民小组。葛岸村获全国绿色小康村、广东省卫生村、广东省生态示范村、广东省文明村、广东省先进基层党组织、广东省民主法治示范村等荣誉称号。

【拆】

葛：艹、曷。

岸：山、厂、一、十。

【诗】

草本曷正宗，葛仙炼丹功。

十山有一厂，岸道岑桑风。

【注】

葛仙：葛洪。

岑桑：辖区名人，广东出版界元老。

葛岸村

上华

佛山市顺德区乐从镇上华村，位于乐从镇西北部，是广东省“百千万工程”第二批典型村，面积2.4平方千米。上华村获中国最美村镇产业兴旺成就奖、广东省乡村治理示范村、广东省民主法治示范村等荣誉称号。

【拆】

上：人、一。

华：化、十。

【诗】

几人舟一条，上岸到沙寮。

十祠正活化，华灯映石桥。

【注】

沙寮：上华村原名。

十祠：村中现存10座祠堂，有规模庞大的祠堂群。

祠堂街

水藤

佛山市顺德区乐从镇水藤村，位于乐从镇西南部，面积约3.68平方千米，下辖26个村民小组。水藤村获全国五四红旗团委、广东省家庭文明建设示范点等荣誉称号。

【拆】

水：小、八。

藤：滕、艹。

【诗】

小店八里长，水边家具行。

草创即滕势，藤席早登堂。

【注】

家具行：水藤村以家具批发零售为特色产业。

水藤村

旺岗

佛山市顺德区龙江镇旺岗村，位于龙江镇中部，是广东省“百千万工程”第二批典型村，面积2.9平方千米，下辖10个村民小组，旺岗村获广东省卫生村等荣誉称号。

【拆】

旺：日、王。

岗：山、冈。

【诗】

王气日当空，旺势家具功。

螺圩山冈聚，岗背金紫峰。

【注】

家具：旺岗村以家具制造为特色产业。

螺圩：辖区内村民小组名。

金紫峰：辖区内山名。

水塔公园

万安

佛山市顺德区龙江镇万安村，位于龙江镇东部，是广东省“百千万工程”第二批典型村，面积1.53平方千米。

【拆】

万：入、刀。

安：宀、女。

【诗】

刀法入木功，万众一心同。

桑园家儿女，安居乐业中。

【注】

桑园：万安村由迁至此地种桑养鱼的村民聚居而成。

万安村村史馆

逢简

佛山市顺德区杏坛镇逢简村，位于杏坛镇北部，是广东省“百千万工程”第二批典型村，面积约5.22平方千米，下辖16个村民小组。逢简村获中国美丽休闲乡村、广东省卫生村、广东省宜居村庄、广东省旅游名村、广东省文明村等荣誉称号。

【拆】

逢：这、丰。

简：竹、间。

【诗】

丰盛这年头，逢夸小广州。

竹间观明远，简素恩荣楼。

【注】

小广州：逢简村在清朝末年丝织业达到鼎盛，一度被称为“小广州”。

明远：明远桥，修建于宋代。

恩荣楼：恩荣楼，即梁氏进士牌坊。

逢简水乡

吉祐

佛山市顺德区杏坛镇吉祐村，位于杏坛镇西北部，是广东省“百千万工程”第二批典型村，面积约3.82平方千米，下辖9个村民小组。吉祐村获广东省卫生村等荣誉称号。

【拆】

吉：士、口。

祐：礻、右。

【诗】

进士口大安，吉星照松南。

示意兼左右，祐福满名关。

【注】

进士：吉祐在明代出过进士。

大安：大安石平桥，吉祐三宝之一。

松南：辖区内村民小组名。

名关：辖区内村民小组名。

吉祐村

马东

佛山市顺德区杏坛镇马东村，位于杏坛镇南部，是广东省“百千万工程”第二批典型村，面积约3.23平方千米，下辖15个村民小组。马东村获广东省卫生村等荣誉称号，素有永春拳之乡的美誉。

【拆】

马：与、一。

东：乐、八。

【诗】

一式与一招，马步皆扎牢。

八旬永春乐，东上楼台高。

【注】

永春：马东是一代永春拳大师、叶问师傅陈华顺的故乡。

楼台：辖区内村民小组名。

永春拳

太平

佛山市顺德区均安镇太平村，位于均安镇西南部，是广东省“百千万工程”第二批典型村，面积约3.5平方千米，下辖7个村民小组。

【拆】

太：大、丶。

平：一、卡。

【诗】

大土府点妆，太妙萃群堂。

南面一打卡，平日凌溪忙。

【注】

大土府：辖区内建筑。

萃群堂：辖区内建筑。

南面、凌溪：太平村由南面村和菱溪村合并而成。

太平村（均安镇宣传文体旅游和教育办公室供图）

阮埇

佛山市高明区荷城街道阮埇村，位于荷城街道中部，是广东省“百千万工程”第三批典型村，下辖2个村民小组。阮埇村获中国传统村落、广东省卫生村等荣誉称号。

【拆】

阮：阝、元。

埇：土、甬。

【诗】

镬耳元韵深，阮水环潮津。

土桥连修甬，埇东社榕荫。

【注】

镬耳：镬耳屋。

元韵：原韵。

阮水环潮：阮埇旧八景之一。

修甬：长长的甬道。甬道，庭院里正中的通路。

东社榕荫：阮埇旧八景之一。

阮埇村（荷城街道宣传文体旅游和教育办公室供图）

苏村

佛山市高明区荷城街道苏村村，位于荷城街道东部，是广东省“百千万工程”第二批典型村，面积2.4平方千米，下辖8个村民小组。苏村村获广东省卫生村、广东省民主法治示范村等荣誉称号。

【拆】

苏：艹、办。

村：木、寸。

【诗】

花草办小楼，苏哈爬墙头。

树木知分寸，村溪锦鲤游。

【注】

苏哈：粤语，小孩子。

锦鲤：辖区打造锦鲤文化。

转运锦鲤文化街区（赖志华供图）

范洲

佛山市高明区荷城街道范洲村，位于荷城街道西北部，是广东省“百千万工程”第二批典型村，面积3平方千米，下辖8个村民小组，范洲村获广东省乡村治理示范村等荣誉称号。

【拆】

范：艹、氾。

洲：氵、州。

【诗】

泛舟湖草生，范点黄龙灯。

七星水州伴，洲现网岗坑。

【注】

氾：同“泛”。

黄龙灯：黄龙吐珠灯，相传明代嘉靖皇帝特准范洲村制作。

网岗：辖区内自然村名。

岗坑：辖区内自然村名。

范洲村（荷城街道宣传文体旅游和教育办公室供图）

竹园

佛山市高明区荷城街道竹园社区，位于荷城街道北部，是广东省“百千万工程”第二批典型村，面积约1.8平方千米，下辖2个居民小组。

【拆】

竹：个、个。

园：口、元。

【诗】

个个喜西江，竹掩黄翁山。

犂元口扶丽，园中苏棠繁。

【注】

黄翁山：辖区内山名。

犂元：黎民百姓。犂，通“黎”。

扶丽：辖区内居民小组名。

苏棠：辖区内居民小组名。

竹园社区（荷城街道宣传文体旅游和教育办公室供图）

豸岗

佛山市高明区杨和镇豸岗村，位于杨和镇东北部，面积约8.2平方千米，下辖6个自然村，2个经济社。豸岗村获广东省卫生村等荣誉称号。

【拆】

豸：一、芳。

岗：山、冈。

【诗】

芳迳一路前，豸佩走官田。

山冈多塘口，岗祠始姓严。

【注】

豸佩：古代御史大夫一类官员佩戴的玉饰。

官田：辖区内自然村名。

塘口：辖区内自然村名。

姓严：严姓为豸岗村的主要姓氏。

豸岗村（杨和镇宣传文体旅游和教育办公室供图）

清泰

佛山市高明区杨和镇清泰村，位于杨和镇东北部，是广东省“百千万工程”第二批典型村，面积约4平方千米，下辖5个自然村。

【拆】

清：三、青。

泰：一、夫、水。

【诗】

三姓居青塘，清风拂矮岗。

如斯夫一水，泰运族谱长。

【注】

青塘：辖区内自然村名。

矮岗：辖区内自然村名。

如斯夫：取自“逝者如斯夫，不舍昼夜”。

族谱：清泰村杜氏族谱，是高明区现存所载时间跨度最长、保存最完好的族谱。

清泰村（杨和镇宣传文体旅游和教育办公室供图）

沙水

佛山市高明区杨和镇沙水村，位于杨和镇西南部，是广东省“百千万工程”第二批典型村，面积约59.62平方千米，下辖3个经济联合社，25个经济社。

【拆】

沙：三、少。

水：八、小。

【诗】

少年二十三，沙拉作早餐。

小村八方绿，水深坑如湾。

【注】

深坑：辖区内自然村名。

沙水村（洪海供图）

崇步

佛山市高明区明城镇崇步村，位于明城镇北部，是广东省“百千万工程”第二批典型村，面积约7.88平方千米，下辖7个村民小组。

【拆】

崇：山、宗。

步：小、卡。

【诗】

宗祠面山田，崇技多农闲。

打卡小半马，步量稻浪间。

【注】

小半马：2023佛山（高明）乡村半程马拉松比赛，其中欢乐跑（俗称“小半马”）的终点位于崇步的万亩稻田。

万亩稻田活动

新岗

佛山市高明区明城镇新岗村，位于明城镇东北部，是广东省“百千万工程”第二批典型村，面积5.2平方千米，下辖6个自然村。新岗村获广东省乡村治理示范村等荣誉称号。

【拆】

新：亲、斤。

岗：山、冈。

【诗】

亲情重论斤，新米富硒恩。

平山冈茶地，岗如画卷真。

【注】

平山：辖区内自然村名。

茶地：辖区内自然村名。

新岗村（明城镇宣传文体旅游和教育办公室供图）

泽河

佛山市高明区更合镇泽河村，位于更合镇南部，面积28.1平方千米，下辖5个自然村。

【拆】

泽：汉、二、1。

河：氵、可。

【诗】

好汉二一帮，泽藏异宝香。

水可调花鼓，河出有荣光。

【注】

二一：相加为“三”，化用“一个好汉三个帮”。

调花鼓：花鼓调，省级非物质文化遗产。

演奏花鼓调（更合镇宣传文体旅游和教育办公室供图）

吉田

佛山市高明区更合镇吉田村，位于更合镇西部，是广东省“百千万工程”第二批典型村，面积约10平方千米。下辖8个村民小组。

【拆】

吉：士、口。

田：日、1。

【诗】

乐士口如心，吉相迎众亲。

香山转一日，田溪绿竹林。

【注】

香山：老香山，辖区内山。

智慧农业产业园（更合镇宣传文体旅游和教育办公室供图）

水井

佛山市高明区更合镇水井村，位于更合镇西南部，是广东省“百千万工程”第二批典型村，下辖11个村民小组。

【拆】

水：八、小。

井：二、牛。

【诗】

小村聚八方，水汇红湖央。

九牛二虎势，井映德胜光。

【注】

红湖：辖区内地名。

德胜：德胜楼，辖区内建筑。

水井村（更合镇宣传文体旅游和教育办公室供图）

巨泉

佛山市高明区更合镇巨泉村，位于更合镇东南部，是广东省“百千万工程”第二批典型村，面积2平方千米，下辖10个村民小组。

【拆】

巨：厂、巳。

泉：白、水。

【诗】

厂前巳成荫，巨塘螺洞心。

合水粉葛白，泉眼贵如金。

【注】

巨塘：辖区内村民小组名。

螺洞：辖区内村民小组名。

洞心：辖区内村民小组名。

合水粉葛：巨泉村是合水粉葛生产基地中心。

粉葛丰收（更合镇宣传文体旅游和教育办公室供图）

上九

佛山市三水区云东海街道上九村，位于云东海街道中部，是广东省“百千万工程”第二批典型村，面积7.3平方千米，下辖8个自然村。

【拆】

上：人、一。

九：几、7。

【诗】

一人去沙头，上明代门楼。

几许七色雨，九州盼乡愁。

【注】

沙头：辖区内自然村名。

明代门楼：辖区内建筑。

洞溪村（云东海街道供图）

岗头

佛山市三水区白坭镇岗头村，位于白坭镇南部，是广东省“百千万工程”第二批典型村，面积20.9平方千米，下辖20个村民小组。岗头村获全国文明村、广东省卫生村、广东省文明村等荣誉称号。

【拆】

岗：山、冈。

头：大、二。

【诗】

进士出山冈，岗老藏新庄。

二次转型大，头部看会堂。

【注】

进士：进士巷，辖区内古迹。

新庄：辖区内村民小组名。

会堂：冈头人民会堂，辖区内建筑。

岗头村（白坭镇供图）

周村

佛山市三水区白坭镇周村村，位于白坭镇中部，是广东省“百千万工程”第二批典型村，面积17.62平方千米，下辖18个村民小组。周村村获广东省民主法治示范村等荣誉称号。

【拆】

周：同、十。

村：木、寸。

【诗】

十月秋风同，周桥喜相逢。

龙池润寸木，村头老古榕。

【注】

龙池：辖区内村民小组名。

周村村（白坭镇供图）

湖岗

佛山市三水区乐平镇湖岗村，位于乐平镇西部，是广东省“百千万工程”第二批典型村，面积20.04平方千米，下辖7个自然村。

【拆】

湖：氵、古、月。

岗：山、冈。

【诗】

古月照水流，湖映簕竹洲。

山冈亭六角，岗下庆丰收。

【注】

簕竹洲：簕竹洲，辖区内地名。

亭六角：六角亭，即思乡亭，辖区内建筑。

湖岗村（乐平镇供图）

黄塘

佛山市三水区乐平镇黄塘村，位于乐平镇西部，是广东省“百千万工程”第二批典型村，面积约16.67平方千米，下辖9个自然村，22个村民小组。黄塘村获佛山十大最具美丽乡愁乡村等荣誉称号。

【拆】

黄：共、由。

塘：土、店、彐。

【诗】

一树共缘由，黄昏乡更愁。

土店梨瓜雪，塘边花满楼。

【注】

一树：辖区内一棵树冠状似心型、被称为“姻缘树”的树。

彐：曾为雪的简化字。

梨瓜雪：雪梨瓜，辖区特色产业。

黄塘村（乐平镇供图）

保安

佛山市三水区乐平镇保安村，位于乐平镇西部，是广东省“百千万工程”第二批典型村，下辖21个自然村。

【拆】

保：亻、口、十、八。

安：宀、女。

【诗】

人口十八乡，保卫城中央。

家中女人在，安心去麦岗。

【注】

八乡：辖区内原大队名。

麦岗：辖区内原大队名。

保安村（乐平镇供图）

四合

佛山市三水区芦苞镇四合村，位于芦苞镇东南部，是广东省“百千万工程”第二批典型村，面积14.4平方千米。四合村获全国综合减灾示范社区等荣誉称号。

【拆】

四：口、儿。

合：人、三、二。

【诗】

花儿口向阳，四水归清塘。

二三人成事，合力乐丰岗。

【注】

清塘：辖区内自然村名。

乐丰岗：辖区内自然村名。

四合村（芦苞镇供图）

六一

佛山市三水区大塘镇六一村，位于大塘镇北部，是广东省“百千万工程”第二批典型村，面积17.77平方千米，下辖10个自然村。辖区内梅花村获广东省首批传统古村落和宜居村庄等荣誉称号。

【拆】

六：小、丶。

一：一。

【诗】

雨点小村庄，六时晨微光。

埠街有横路，一扇梅花窗。

【注】

埠街：六一村为六一村和埠街村合并而成。

梅花窗：辖区内传统建筑中的特色造型。

六一村（大塘镇供图）

后记

十多年前，我曾有每天读报拆字的习惯。每晚读报完毕，便顺手用毛笔在报纸上圈定一字，签下名字及日期，随后马上拆解、拍照，同步发微信朋友圈和微博。几年下来，千余汉字被我拆得“体无完肤”。为此，有媒体还用了半个版面专门邀请我代言，于是我也成为该媒体历史上第一个为报纸代言的市民。

2023 年 11 月 15 日，我受邀出席佛山市“百县千镇万村高质量发展工程”决策咨询专家座谈会。“百千万工程”是关系全省亿万群众福祉的大事，是广东的优势塑造工程、结构调整工程、动力增强工程、价值实现工程，于是我萌发了“拆解城乡之名、提炼城乡之神，赋能城乡运营、助百千万工程”的想法。自 2024 年 1 月 6 日起，我在我的微信公众号“钦此”上对广东省“百千万工程”涉及的县镇村地名进行拆字作诗，将地名的部首偏旁进行拆字解析，同时进行排列组合完成一首五言古体诗，每天“拆”一个地名，至今已有 600 多篇。谨以“钦拆”之名，向“百千万工程”致敬！

本书分四部分。前三部分按“县、镇、村”的框架，第一辑收录了广东省全部 122 个县地名，第二辑收录了广东省 110 个“百千万工程”首批典型镇地名，第三辑限于篇幅，收录了佛山市 57 个列入省“百千万工程”首批典型村地名。另有特辑“佛山在行动”，收录了佛山地名 135 个，包括佛山除首批典型镇之外的镇街地名 27 个，“百千万工程”第二批典型村地名 73 个，其他行政村地名 35 个。

在创作过程中，通过对广东省各地地名的拆解与重组，我试图从中提炼出那些被遗忘的文化内涵和地域特色。在这个信息爆炸的时代，用极简的字句表达深远的意境，一直是我所追求的目标。每一个字、每一个部首，都在讲述着动人的故事。拆字的过程，不仅是对汉字的解构，更是一次文化的探索与发现。

本书的核心内容是我历时一年多所作的400多首“拆字诗”，这是我的“日课”成果结集，也是自己给自己“出考题”所作的答卷。为便于读者理解诗作，我还专门作了注释文字，以便读者对诗中提及的涉及当地历史文化的内容有所了解。此外，书中还有一段对该地名的简介文字，限于篇幅，仅作最基础客观的介绍。书中还为每个地名配了一张照片，力求最能突出当地特色，以图文并茂的形式让读者对该地有一个直观的感知。

在本书即将付梓之际，回首写作历程，我的心中充满感激。

感谢民建中央宣传部、民建广东省委会、民建佛山市委会的大力支持。感谢老领导李应滔为本书题写了书名，感谢王小鸿教授、张况主席、王富海董事长赐序。感谢工作单位蕾奥规划的支持。蕾奥规划自上市后，在“智慧城市规划运营专家”目标引领下，推进“百城千企万亿”计划（其中一项为“乐城计划”）。此举旨在通过资源整合和技术创新，面向中国100个城市打造城市运营示范样板。如王富海董事长所言，期望本书“是开启‘乐城计划’的钥匙”。

本书内容的整理和出版，得到南方报业传媒集团佛山分社的大力支持与协助。佛山市5区32镇街及相关部门和各村、社区也为本书出版提供了诸如图片、文字建议等方面的诸多支持。尤其感动的是，不少关心关注本书出版的领导多次为本书的创作提供指导。感谢顺德区电白商会、高美富强公司等单位，率先作为社会力量探索以诗为媒文化赋能，助力“百千万工程”。

要感谢的人还有很多，家人、朋友、领导、同事，还有素未谋面却交流颇多的网友……无法一一具名，正是你们的陪伴与激励，才有了这本书的面世。

最后，期待每位读者在阅读《广东地名拆字诗》时，都能发现汉字的美妙与深意，感受到地方文化的独特魅力。让我们一起以字为媒，品味文化，传承历史，共同书写广东的未来。

由于水平所限，难免有错漏之处。恳请各位专家、读者不吝指正。

杨钦

2025年9月11日